CELSO FURTADO, 100 ANOS: PENSAMENTO E AÇÃO

ANTONIO CORRÊA DE LACERDA
(Organizador)

CELSO FURTADO, 100 ANOS: PENSAMENTO E AÇÃO

Coautores:

Antonio Corrêa de Lacerda
André Paiva Ramos
Francyelle do Nascimento Santos
David Deccache
Joaquim Miguel Couto
Julio Manoel Pires
Luiz Paulo F. Nogueról
Rosa Maria Vieira
Rubens R. Sawaya

São Paulo

2020

CONTRACORRENTE

Copyright © EDITORA CONTRACORRENTE

Rua Dr. Cândido Espinheira, 560 | 3º andar
São Paulo – SP – Brasil | CEP 05004 000
www.loja-editoracontracorrente.com.br
contato@editoracontracorrente.com.br
www.editoracontracorrente.blog

Editores

Camila Almeida Janela Valim
Gustavo Marinho de Carvalho
Rafael Valim

Equipe editorial

Coordenação de projeto: Juliana Daglio
Revisão: Marcelo Madeira
Diagramação: Denise Dearo
Capa: Ronaldo Alves

Equipe de apoio

Fabiana Celli
Carla Vasconcelos
Fernando Pereira
Regina Gomes

Dados Internacionais de Catalogação na Publicação (CIP)
(Ficha Catalográfica elaborada pela Editora Contracorrente)

L131	LACERDA, Antonio Corrêa de. Celso Furtado, 100 anos: pensamento e ação	Antonio Corrêa de Lacerda (organizador) – São Paulo: Editora Contracorrente, 2020. ISBN: 978-65-884702-13 1. Economia; 2. Economia brasileira; 3. Celso Furtado; 4. Política de desenvolvimento. I. Título.

CDD: 330.01
CDU: 330

Impresso no Brasil
Printed in Brazil

@editoracontracorrente
f Editora Contracorrente
@ContraEditora

SUMÁRIO

SOBRE OS AUTORES 7

INTRODUÇÃO 9

CAPÍTULO I - CELSO FURTADO EM SEU CENTENÁRIO DE NASCIMENTO: PENSAMENTO E AÇÃO

ANTONIO CORRÊA DE LACERDA, JOAQUIM MIGUEL COUTO, LUIZ PAULO F. NOGUERÓL 15

CAPÍTULO II - A PLANIFICAÇÃO, O ESTADO E AS ELITES NO PENSAMENTO DE CELSO FURTADO

ROSA MARIA VIEIRA 33

CAPÍTULO III - O PENSAMENTO DE CELSO FURTADO E A CRISE ECONÔMICA ATUAL

ANTÔNIO CORRÊA DE LACERDA, JULIO MANUEL PIRES 53

CAPÍTULO IV - FURTADO: UM SONHO DESFEITO

RUBENS SAWAYA 71

CAPÍTULO V - O PENSAMENTO E MÉTODO DE FURTADO: LIÇÕES PARA A ECONOMIA BRASILEIRA CONTEMPORÂNEA

ANDRÉ PAIVA RAMOS, ANTONIO CORRÊA DE LACERDA, FRANCYELLE DO NASCIMENTO SANTOS, DAVID DECCACHE 91

CAPÍTULO VI - UMA ESTRATÉGIA PARA O BRASIL

ANTONIO CORRÊA DE LACERDA 117

SOBRE OS AUTORES

ANTONIO CORRÊA DE LACERDA

Economista, mestre e Doutor em Economia pelo Instituto de Economia da Universidade Estadual de Campinas (UNICAMP). Professor doutor do Programa de Estudos Pós-graduados em Economia Política e diretor da Faculdade de Economia e Administração (FEA) da Pontifícia Universidade Católica de São Paulo (PUC/SP). É presidente do Conselho Federal de Economia (Cofecon) e membro do Conselho Deliberativo do Centro Internacional Celso Furtado de Políticas de Desenvolvimento (CICF). Publicou, entre outros livros, "O mito da austeridade" (Editora Contracorrente, 2019).

ANDRÉ PAIVA RAMOS

Economista e mestre em Economia Política pela Pontifícia Universidade Católica de São Paulo (PUC/SP). Integra o grupo de Pesquisas em Desenvolvimento Econômico e Política Econômica (DEPE) e o grupo Políticas para o Desenvolvimento Humano (PDH), ambos da PUC/SP. Atualmente integram a diretoria do Sindicato dos Economistas de São Paulo (SindeconSP) e é professor de economia da Universidade Paulista (Unip).

FRANCYELLE DO NASCIMENTO SANTOS

Economista e mestranda em Desenvolvimento Regional pela Universidade Federal de Sergipe (UFS).

ANTONIO CORRÊA DE LACERDA (ORGANIZADOR)

DAVID DECCACHE

Doutorando em Economia pela Universidade de Brasília (UnB). Atualmente é assessor técnico na Câmara dos Deputados e professor temporário na Universidade de Brasília, na qual ministra a disciplina de Formação Econômica do Brasil.

JOAQUIM MIGUEL COUTO

Doutor em Ciências Econômicas pelo Instituto de Economia da UNICAMP. Professor associado do departamento de Economia da Universidade Estadual de Maringá (UEM).

JULIO MANOEL PIRES

Doutor em Economia, docente da Faculdade de Economia e Administração (FEA) e do Programa de Estudos Pós-Graduados em Economia Política da Pontifícia Universidade Católica de São Paulo (PUC/SP), e da Faculdade de Economia e Administração de Ribeirão Preto (FEA/RP) da Universidade de São Paulo (USP).

LUIZ PAULO F. NOGUERÓL

Doutor em Economia pelo Instituto de Economia da Universidade Estadual de Campinas (UNICAMP). Professor associado do departamento de História da Universidade de Brasília (UnB).

ROSA MARIA VIEIRA

Possui graduação em Ciências Sociais pela Universidade de São Paulo, mestrado em História Econômica pela Universidade de São Paulo e doutorado em História pela Pontifícia Universidade Católica de São Paulo. É membro do Grupo de Pesquisa HIMEPE (História, Memória e Pensamento Econômico), em funcionamento na Pontifícia Universidade Católica de São Paulo (FEA-PUC/SP), e foi editora da Revista de Economia da PUC.

RUBENS R. SAWAYA

Professor e coordenador do Programa de Estudos Pós-Graduados em Economia Política da Pontifícia Universidade Católica de São Paulo (PUC/SP).

INTRODUÇÃO

"Desenvolvimento é ser dono do próprio destino"

Celso Furtado

No centenário de nascimento do mais proeminente economista brasileiro, este livro resgata os principais elementos da sua biografia, do seu pensamento e das suas atividades. É notório, por que não dizer trágico, que a efeméride ocorra em um momento talvez de maior submissão do Brasil a interesses internacionais.

Coordenado pelo economista e professor Antonio Corrêa de Lacerda, também coautor de vários capítulos do livro, conta ainda com contribuições de importantes pensadores das melhores universidades brasileiras.

Outro ponto a ser destacado é que este livro teve origem nas atividades desenvolvidas no Programa de Estudos Pós-graduados em Economia Política da PUC/SP, universidade em que Celso Furtado ministrou, em 1975, o curso "Economia do Desenvolvimento", adaptado de um curso que havia apresentado na Sorbonne.

Para além da relevância do seu conteúdo, o curso teve também relevância histórica por ter sido a primeira atividade acadêmica de Furtado no Brasil desde a cassação de seus direitos políticos em 1964, logo no início da ditadura militar, como destaca Rosa Freire d'Aguiar

Furtado, viúva, biógrafa e curadora da coleção "Arquivos de Celso Furtado", publicada pelo *Centro Internacional Celso Furtado de Políticas para o Desenvolvimento*.

No primeiro capítulo, numa reflexão sobre o centenário de Celso Furtado, Antonio Corrêa de Lacerda, Joaquim Miguel Couto e Luiz Paulo F. Nogueról analisam o seu pensamento tomando por base seis das suas obras selecionadas, publicadas entre 1959 e 1974. Os autores destacam que "o conjunto bibliográfico analisado possui uma constância: a procura do entendimento do subdesenvolvimento brasileiro". Desde a análise da gênese de nossa estrutura econômica em *Formação econômica do Brasil*, na denúncia dos efeitos perversos que requereu a continuidade do processo de crescimento econômico em *Análise do modelo brasileiro* e em *O mito do desenvolvimento econômico* e, por fim, na proposta de objetivos que fossem alternativos à dinâmica do processo e às suas consequências perversas em *Um projeto para o Brasil*. Ademais, em *Teoria e política do desenvolvimento econômico* e em *Desenvolvimento e subdesenvolvimento*, Furtado expõe elementos mais gerais das economias subdesenvolvidas, além daqueles específicos brasileiros.

No segundo capítulo, Rosa Maria Vieira aborda "A planificação, o Estado e as elites no pensamento de Celso Furtado". Rosa ressalta que sua obra "transcenda o trato das questões estritamente econômicas, põe em relevo seus vínculos com certa tradição do pensamento brasileiro que fez da 'construção nacional' o grande desafio da *intelligentsia* que, após os anos 30, pensou o Brasil a partir de novos parâmetros teóricos, tais como o culturalismo, o weberianismo e o marxismo." A partir da análise da estrutura do capitalismo brasileiro, aponta que "esta realidade singular cobrava não só um corpo teórico específico para análise, como também um caminho próprio para o desenvolvimento, sustentado pela industrialização e pela acumulação interna, que não poderia ser trilhado em condições de livre atuação das forças de mercado". É a partir desse arcabouço que Rosa busca nuances do papel do Estado e do planejamento para superação do subdesenvolvimento, a partir das suas obras.

O terceiro capítulo, "O pensamento de Celso Furtado e a crise econômica atual", escrito por Antonio Corrêa de Lacerda e Julio Manuel

INTRODUÇÃO

Pires, propõe-se a uma reflexão sobre os dilemas do desenvolvimento brasileiro recente à luz do pensamento de Furtado. Para isso, os autores buscam, com base nos subsídios proporcionados por algumas obras selecionadas, desenvolver uma análise dos principais dilemas enfrentados pela economia brasileira e uma reflexão crítica das escolhas das políticas econômicas no período 2010-2018 para o desenvolvimento.

Os autores destacam que o baixo desempenho do Produto Interno Bruto (PIB) brasileiro no período recente tem sido um retrato da incapacidade da retomada do crescimento econômico. "Depois da recessão de 2015 e 2016, nos quais, no acumulado, houve uma queda de mais de 7% na atividade econômica, 2017 e 2018 apresentaram crescimento de apenas cerca de 1%. Em 2019, o crescimento foi apenas pouco superior a 1% e, em 2020, o Brasil viverá certamente a maior recessão da nossa história".

No quarto capítulo, "Furtado: um sonho desfeito", Rubens Sawaya segue a análise da situação atual brasileira, especialmente no que se refere ao "modelo adotado", destacando que "[c]erca de 70 anos depois das discussões protagonizadas por Celso Furtado sobre a construção do fluxo dinâmico capitalista no Brasil como forma de superação do desenvolvimento, o tema volta a ser central."

Refém da desindustrialização e da reprimarização da pauta de produção e de exportação, "[o] país volta a ter o protagonismo do setor primário-exportador, em detrimento da indústria, com foco em soja e minério de ferro, produtos de baixo valor agregado e de pequeno potencial multiplicador dinâmico sobre a atividade econômica."

No quinto capítulo, "O pensamento e método de Furtado: lições para a economia brasileira contemporânea", André Paiva Ramos, Antonio Corrêa de Lacerda, Francyelle do Nascimento Santos e David Deccache seguem a proposta dos dois capítulos que o antecedem buscando reflexões sobre os dilemas contemporâneos da economia brasileira sob o foco, agora, especialmente, no método furtadiano. Os autores buscam o pensamento e o método com que ele concebia a análise econômica a partir de uma breve revisão da estrutura teórica sobre as possibilidades e limites para a endogeneização de um círculo virtuoso de desenvolvimento para a superação.

ANTONIO CORRÊA DE LACERDA (ORGANIZADOR)

Nesse sentido, sublinham que "[n]o lugar do debate sobre a construção e o aperfeiçoamento de um projeto nacional visando o planejamento social de longo prazo, está colocada uma perspectiva centrada, única e exclusivamente, na eliminação dos obstáculos ao livre funcionamento do mercado, tratando-se, portanto, da busca pela mercantilização generalizada de todas as esferas da vida".

No sexto e último capítulo, "Uma estratégia para o Brasil", Antonio Corrêa de Lacerda busca refletir sobre os desafios que se apresentam para o Brasil no século XXI a partir da reflexão realizada nos capítulos anteriores. O autor ressalta que: "a aposta em que a prometida 'austeridade' levaria ao resgate da confiança que pudesse estimular a realização de investimentos e produção não tem dado resultado." O elevado desemprego, a queda dos investimentos e o baixo crescimento econômico são também decorrentes de uma clara falta de estratégia articulada de políticas econômicas.

Questionando a visão liberal de que uma abertura comercial e financeira associada à privatização e as chamadas reformas possam representar uma alternativa de desenvolvimento, o autor, no entanto ressalva que "[o] Brasil, dado o seu potencial econômico, social e ambiental tem todas as pré-condições para superar a atual estagnação e atingir um grau de desenvolvimento expressivo. Somos o único país do G-20, a combinar potencial nos macrossetores e de enorme demanda reprimida, em termos de investimentos, infraestrutura e políticas sociais". Nesse sentido, contraditoriamente, "[n]ossas debilidades também representam nossas grandes oportunidades".

Apesar desse potencial, no entanto, alerta que "isso não se viabilizará automaticamente, pelas 'forças do mercado' e baseado apenas na suposta 'confiança' como único fator de desenvolvimento, ao contrário do preconizado".

É a partir desse arcabouço de desafios e oportunidades que o autor ressalta a importância do resgate da visão de desenvolvimento: "[q]ue a visão de Celso Furtado, o mais proeminente economista brasileiro, nos inspire na viabilização de um projeto de Nação, capaz de retomar o

INTRODUÇÃO

crescimento inclusivo, que proporcione o desenvolvimento, econômico, social e ambientalmente sustentável."

Em nome dos autores, quero agradecer à Editora Contracorrente pela confiança e o apoio do Plano de Incentivo à Pesquisa (PIPEq) da Pontifícia Universidade Católica de São Paulo (PUC/SP).

Capítulo I

CELSO FURTADO EM SEU CENTENÁRIO DE NASCIMENTO: PENSAMENTO E AÇÃO[1]

Antonio Corrêa de Lacerda
Joaquim Miguel Couto
Luiz Paulo F. Noguéról

O objetivo deste capítulo é analisar o pensamento de Celso Furtado tomando-se por base seis obras selecionadas do autor, publicadas entre 1959 e 1974. O conjunto bibliográfico analisado possui uma constância: a procura do entendimento do subdesenvolvimento brasileiro. Esta busca se apresenta na análise da gênese de nossa estrutura econômica em *Formação econômica do Brasil*, na denúncia dos efeitos perversos que requereu a continuidade do processo de crescimento econômico em *Análise do modelo brasileiro* e em *O mito do desenvolvimento econômico* e, por fim, na proposta de objetivos que fossem alternativos à dinâmica do processo e às suas consequências perversas, em *Um projeto para o Brasil*. Além disso, em *Teoria e política do desenvolvimento econômico* e em *Desenvolvimento e*

---

[1] Artigo originalmente publicado na revista *Estudos Avançados*, São Paulo, vol. 34, n. 100, pp. 291-304, 2020.

subdesenvolvimento, Furtado expõe elementos mais gerais das economias subdesenvolvidas, além daqueles especificamente brasileiros.

O capítulo está dividido em três partes. Na primeira, é feita uma descrição da carreira de Furtado. Na segunda, são tratadas e analisadas as obras por nós escolhidas. Na terceira, são feitas considerações finais sobre o pensamento do autor.

1. CELSO FURTADO: NOTAS BIOGRÁFICAS E INFLUÊNCIAS TEÓRICAS

Celso Furtado nasceu em 1920, na Paraíba. Formou-se em Direito pela Universidade do Brasil, em 1944, numa época em que não havia cursos de graduação em economia, no Brasil. Em 1948 apresentou sua tese de doutoramento na Universidade de Paris, *L'économie coloniale brasilienne*, sobre o ciclo da cana-de-açúcar, que viria a constituir a base do seu clássico *Formação econômica do Brasil*, publicado dez anos mais tarde. De 1950 a 1964 atuou fortemente na área teórico-institucional. Integrou a Comissão Econômica para a América Latina (Cepal), onde contribuiu para elaborar as bases da teoria do subdesenvolvimento e do que se convencionou chamar de concepção histórico-estruturalista. Fez parte ainda de organismos como o Grupo Misto BNDE-Cepal, o Grupo de Desenvolvimento do Nordeste (GTDN), Conselho de Desenvolvimento do Nordeste (Codeno), Superintendência para o Desenvolvimento do Nordeste (Sudene) e Ministério Extraordinário do Planejamento do Governo Goulart, atuações em que se dedicou à elaboração de políticas públicas de desenvolvimento nacional e regional.

Com seus direitos políticos cassados em 1964, Celso Furtado vai para o exterior, onde desenvolve várias atividades acadêmicas, inicialmente no Chile; depois, nos Estados Unidos, na Universidade de Yale; e na França, na Universidade de Paris. Assim, ocorre uma transformação nas suas formulações que se tornam mais rigorosas quanto às exigências acadêmicas. É nessa fase, que Furtado, mais pessimista no que se refere ao desenvolvimento da Periferia, publica "Autorretrato intelectual", no *International Social Sciences Journal*, em Paris, o que seria o esboço da trilogia

CAPÍTULO I - CELSO FURTADO EM SEU CENTENÁRIO...

autobiográfica que publicaria nas décadas seguintes: *A fantasia organizada* (1985), *A fantasia desfeita* (1989) e *Ares do mundo* (1992).

Na tentativa de firmar-se como teórico de estirpe internacional, poucas são as referências explícitas a influências brasileiras, como Gilberto Freyre, Caio Prado Júnior e Roberto Simonsen, ainda assim ressaltando que foi por meio de *Casa grande & senzala* que havia iniciado o contato com a sociologia americana.[2]

Ao rever sua obra, Furtado reconhece três graus de influência intelectual: a *positivista,* na ideia de que todo conhecimento em sua forma superior assume a forma de conhecimento científico; a *marxista*, como "subproduto do interesse pela história"; e a *sociologia americana*. Além disso, destaca a influência de Mannheim na sua formação.

Assim, na definição de Furtado, *convicção reformadora, isenção científica e formação teórico-cosmopolita*, formariam o tripé básico de sua trajetória pessoal e intelectual. Já o economista Furtado é fortemente influenciado por Schumpeter e Keynes. Nem mesmo Raúl Prebisch, de quem foi assessor e com quem provavelmente discutiu assuntos relacionados com o subdesenvolvimento, é reconhecido ou creditado, talvez num esforço primaz de livrar-se do seu passado periférico e tentar consolidar-se como "cidadão do mundo".

Furtado, por fim, foi buscar na economia política clássica inglesa uma de suas principais ferramentas: a ideia de excedente, entendia por excedente a diferença entre a produção e o consumo essencial. Tinha uma crença inabalável na ciência econômica. O Estado, por outro lado, está no centro de seu pensamento. Além disso, o pensamento de Furtado possui ainda duas matrizes: a economia política da Cepal e o pensamento social brasileiro (Oliveira Vianna, Caio Prado Júnior, Gilberto Freyre, Roberto Simonsen etc.).

Furtado foi indicado para o Prêmio Nobel de Economia, em 2003, ano anterior à sua morte.

---

[2] FURTADO, Celso. *Teoria e política do desenvolvimento econômico*. São Paulo: Editora Abril, 1983, p. 33.

2. ANÁLISES DAS OBRAS SELECIONADAS

O presente texto correlaciona algumas das ideias presentes em seis livros de Celso Furtado: *Formação econômica do Brasil*; *Análise do modelo brasileiro*; *Um projeto para o Brasil*; *Teoria e política do desenvolvimento econômico*; *Desenvolvimento e subdesenvolvimento*; e *O mito do desenvolvimento econômico*.

A obra *Formação econômica do Brasil* dá nome a uma disciplina comum à maior parte dos currículos de graduação em Economia das universidades brasileiras. Foi editado pela primeira vez em 1958 e tinha por objetivo captar, tal como fizera Caio Prado Júnior, em *Formação do Brasil contemporâneo,* os elementos fundamentais da nossa história. Porém, diferentemente desse autor, os instrumentos de análise foram derivados dos conceitos correntes da ciência econômica. O ponto de partida para tanto foi a dinâmica da economia brasileira, a qual caracterizava-se pelo subdesenvolvimento. Entender a gênese desse subdesenvolvimento e captar-lhe as especificidades foram as tarefas a que se propôs o autor.

Os países subdesenvolvidos possuíam, quase todos, uma mesma característica: a dependência de seus ciclos econômicos em relação aos países estrangeiros. Os resultados da conta corrente do balanço de pagamentos contavam mais do que a variável investimento na taxa de crescimento do PIB. À teoria macroeconômica dos manuais escapa essa especificidade, captada por Furtado.

Para entender a origem da dependência dos ciclos ante as demandas estrangeiras, Furtado recorrerá à história. Nesses termos, a economia brasileira teria sido, desde o princípio, segmentada em dois setores definidos em virtude das relações que esses mantinham com o exterior e também em razão dos rendimentos que geravam. Havia o produtor de mercadorias exportáveis e o produtor de bens de subsistência na economia brasileira, desde o século XVI até a industrialização, e, nessa última fase, a segmentação admite uma maior diversidade: as indústrias produzem para o mercado nacional, constituindo-se no setor moderno de nossa economia. O setor agrícola, por seu turno, mantém-se atrelado aos padrões do início de nossa história, contando com um setor exportador e outro voltado para a subsistência.

CAPÍTULO I - CELSO FURTADO EM SEU CENTENÁRIO...

A economia do que posteriormente viria a ser o Brasil apresenta-se como novidade no século XVI. Os descobrimentos portugueses, iniciados em princípios do século XV, e sua expansão, encontravam populações produtoras de mercadorias, o que pressupunha um sistema econômico capaz de fornecê-las. No caso brasileiro, ao contrário, as populações indígenas desconheciam o que fosse mercadoria.

Sendo economicamente inútil do ponto de vista dos interesses mercantis portugueses, o território brasileiro, em um primeiro momento, nada mais foi do que uma esperança: a de que aqui houvesse metais preciosos, a exemplo do que se achara nas colônias espanholas da América, razão suficiente para que se o protegesse de investidas de outra metrópoles europeias.

A introdução da cana-de-açúcar dá sentido aos primeiros movimentos do processo que seria propriamente a colonização: a transferência de um pequeno contingente de europeus para comandar a produção de açúcar e que estivesse apto a explorar a mão de obra indígena; sendo essa reduzida à escravidão onde quer que fosse alcançada. Para que a produção canavieira tivesse lugar, era necessário que a terra fosse empregada de maneira adequada. O estabelecimento da propriedade privada fundiária, já existente em Portugal, foi uma outra inovação introduzida no território que posteriormente seria o Brasil. Para Furtado essa apropriação tinha que ser feita de uma tal maneira que as unidades produtivas fossem enormes. Isso se justificava tendo em vista a degradação imposta ao solo e às matas nativas pelos métodos agrícolas empregados, do que resultava a necessidade de se praticarem o abandono dos solos exauridos e o desmatamento sistemático para o atendimento das fornalhas dos engenhos.

Criam-se, assim, ainda no século XVI, os elementos fundamentais do setor exportador da economia brasileira nos séculos seguintes: a escravidão e o latifúndio monocultor. Paralelamente ao setor exportador, surge um outro, ainda no Nordeste, que se destina a complementá-lo, quando necessário, e a absorver fatores de produção que, pelas crises cíclicas, o primeiro expulsava. Esse outro setor terá por atividade básica a criação de gado de corte nas terras onde a atividade canavieira não se justificava, seja por impedimentos de ordem climática, seja pelos custos de transporte. Os dois setores sintetizarão, segundo Furtado, a economia brasileira e, em particular, a nordestina, com fortes diferenças de rentabilidade e integração ao resto do mundo.

A alteração dos produtos de exportação pouco modificará a economia brasileira entre os séculos XVI e XIX. À economia de mineração caberá promover uma integração econômica do território brasileiro, mas não alterará os dados fundamentais do problema: a coexistência, em um mesmo espaço econômico, de atividades com grande variação de rentabilidade.

A quebra do padrão acima mencionado dar-se-á no século XIX, com o advento de um novo produto de exportação: o café. Não que a substância que o compõe tenha algo de especial nem que, se introduzido antes, teria alterado de maneira marcante a história brasileira. De fato, como economia dependente, a causa primeira para a mudança veio de fora: o crescimento de demanda por café por parte das elites europeias e norte-americanas, em um primeiro momento, e por parte dos trabalhadores empregados na Revolução Industrial.

Na verdade, essa revolução cria uma nova divisão internacional do trabalho ao estabelecer, pela primeira vez na história, um forte diferencial de rendimentos entre as populações do que atualmente chamamos de centro e de periferia. Esse diferencial resultará na modificação do consumo das populações do centro, a qual tenderá a ser imitada pelas elites da periferia.

Essa busca de imitação do estilo de vida estrangeiro, por parte das elites brasileiras, fato percebido também por Gilberto Freyre, marcará de maneira definitiva a face de nossa sociedade. Isso só foi possível em razão de uma forte concentração de renda anterior, decorrente da existência de latifúndio e escravidão. Onde a propriedade da terra era mais bem distribuída, como nos Estados Unidos – a comparação com aquele país é recorrente em Furtado –, as diferenças entre ricos e pobres eram menores, dado que o custo de oportunidade para os trabalhadores era maior, resultando daí a necessidade de os remunerarem melhor, de maneira a convencê-los a trabalhar como empregados.

CAPÍTULO I - CELSO FURTADO EM SEU CENTENÁRIO...

A Abolição não representa, quanto à concentração de renda, uma quebra. Pelo contrário, dada a distribuição da posse da terra anteriormente existente, o ex-escravo transforma-se, imediatamente, em fonte potencial de mão de obra futuramente incorporada pela expansão do sistema econômico ou, dito de outra maneira, constitui-se o reservatório de mão de obra de que lançará mão a economia exportadora quando necessário.

O café representa uma quebra, no entanto, pela diversificação das atividades que permite, ou seja, o mínimo beneficiamento que requer para ser exportado assim como o transporte até os portos de embarque para o exterior são atividades que demandam uma infraestrutura diferenciada, que a abolição da escravidão vem a reforçar. Para Furtado, as atividades envolvidas na produção dessa mercadoria, bem como a introdução de grandes contingentes de imigrantes europeus não-ibéricos representam a formação do mercado interno brasileiro.

O acúmulo de capital resultante da economia cafeicultora permitirá a instalação das primeiras indústrias brasileiras, assim como a formação de núcleos urbanos de peso se constituirá em mercados para uma parte cada vez maior dos produtos que antes eram exportados. Assim, entre 1890 e 1950, a relevância dos mercados externos para a economia brasileira reduz-se. A introversão dos ritmos, quando da publicação de *Formação econômica do Brasil*, era uma mudança de peso por eliminar uma das características do nosso subdesenvolvimento.

A eliminação da preponderância dos mercados externos na determinação dos ritmos internos da economia brasileira foi um passo importante, mas não teria sido suficiente para ultrapassar o subdesenvolvimento, segundo Furtado. Na verdade, a maneira pela qual o país obteve sua indústria pesada resultou no estabelecimento de novas bases para a continuidade do processo, isto é, reduzida a importância do mercado externo para os produtos agrícolas brasileiros, continuavam sendo eles responsáveis por grande parte de nossas exportações. Pior do que isso, apesar da modernização pela qual passaram as cidades, o campo continuava empregando métodos de produção e relações de trabalho arcaicos, resultando daí a baixa remuneração paga aos trabalhadores em ambos os setores da economia. Sendo assim, o parque industrial brasileiro instala-se favorecendo a concentração de renda.

Essa tendência ficará claramente exposta em *Análise do modelo brasileiro*. Esse livro, escrito no início da década de 1970, denuncia as políticas públicas voltadas para a formação de uma classe média alta, rica o suficiente para demandar bens de consumo duráveis dinamizando a economia. Essas políticas eram concentradoras de rendas e necessárias, dada a opção de manter o crescimento sem alterar as estruturas sociais.

A necessidade de concentração de renda se explica pelas características da industrialização em países subdesenvolvidos: promovida pelo Estado e auxiliada nos setores mais dinâmicos por empresas estrangeiras. Tal industrialização não faz uso da abundância relativa da dotação interna de fatores por incorporar tecnologia estrangeira, adaptada à realidade dos países desenvolvidos, o que é ressaltado em *Teoria e política do desenvolvimento econômico*. Disso decorre a lenta absorção da mão de obra redundante no setor de subsistência, e, devido a tal fato, os salários pagos aos operários menos qualificados são baixos, o que não os integra ao mercado de consumo dessas empresas. No entanto, forma-se uma classe média rica que, no caso brasileiro, foi numerosa o suficiente para sustentar a demanda necessária para o eficiente funcionamento das empresas recém-instaladas, cujas plantas produtivas requerem mercados com dimensões mínimas, o qual dificilmente subsistiria caso a renda fosse mais bem distribuída. Nesse contexto, a empresa privada nacional desempenha um papel complementar, dado ser incapaz e estar desinteressada de competir com os estrangeiros.

O esquema acima exposto solidifica-se após a Segunda Guerra Mundial, quando a hegemonia norte-americana sobre o mundo capitalista permite que indústrias produtoras de bens de consumo dos países centrais instalem-se na periferia contribuindo para a industrialização de alguns de seus membros. No caso brasileiro, a concentração de renda já era um dado de nossa história. Em economias agrárias, a propriedade sobre a terra é elemento determinante da distribuição de renda. Se esse fator de produção se encontra concentrado nas mãos de poucos, embora seja relativamente abundante em relação à mão de obra, faz-se escasso

CAPÍTULO I - CELSO FURTADO EM SEU CENTENÁRIO...

pelo simples impedimento, aquém da fronteira agrícola, de sua ocupação por trabalhadores de maneira autônoma. Na verdade, pelas características da agroexportação brasileira, esses trabalhadores serão agregados ou meeiros dos latifúndios, empregando técnicas rústicas de produção. É, do ponto de vista privado, racional que assim o seja porque a abundância de terras disponíveis aos latifundiários e o baixo custo de mão de obra não os estimula a fazer um uso mais intensivo de capital fixo, o que dispensa técnicas de produção avançadas.

A estrutura fundiária de uma sociedade subdesenvolvida como a brasileira marca profundamente toda a estrutura social. Isso porque será o nível de vida dos trabalhadores rurais o patamar de remuneração mínima pago a todos os trabalhadores, inclusive aqueles das cidades. Não que os salários urbanos sejam iguais aos do campo. Se assim o fosse, não haveria êxodo rural. A diferença existe, e é significativa. Em comparação com os países desenvolvidos, no entanto, percebe-se a estrutura perversa do subdesenvolvimento: nos países subdesenvolvidos, por razão da existência de um amplo setor de subsistência, a mão de obra nele alocada sempre estará disposta a migrar para o setor moderno da economia. Esse fato deprime os salários de toda a sociedade, impedindo que se forme um amplo mercado consumidor de produtos mais sofisticados. Nos países desenvolvidos, onde escassa é a mão de obra, a difusão do consumo dos bens sofisticados é fato esperado. Com isso, os trabalhadores desses países percebem salários que lhes permitem participar do mercado consumidor acompanhando, com alguma defasagem no tempo, os padrões de consumo dos ricos. Nos países subdesenvolvidos, pelo contrário, esses bens de consumo restringem-se sempre aos ricos, sendo impossível à maioria da população ter acesso a eles, a não ser quando a ela doados.

Essa dualidade da sociedade brasileira, presente tanto na divisão entre setores moderno e arcaico de economia quanto no mercado de trabalho bissegmentado, em que os trabalhadores rurais apresentam-se como reservatório de mão de obra para as indústrias localizadas nas cidades, pode desaparecer desde que o nível de investimentos seja mantido em um patamar tal que a demanda por força de trabalho em algum momento absorva todos os trabalhadores alocados no setor de subsistência. Pelo menos, é assim que pensa Furtado em *Teoria e política do desenvolvimento econômico*. Nessa obra revela-se uma das principais preocupações do autor, também presente em *Formação econômica do Brasil*: o que é feito dos excedentes econômicos? Para Furtado, essa é uma questão fundamental porque, se direcionados para o consumo conspícuo, como denunciado em *Análise do modelo brasileiro*, não há como financiar os investimentos, dado serem estes dependentes de poupança prévia. Com isso, atrofia-se o crescimento econômico e a própria absorção da população redundante no setor de subsistência. Esse tipo de raciocínio pode conflitar com as proposições do intervencionista Celso Furtado, que, às vezes, é qualificado de desenvolvimentista. Isso porque a necessidade de poupança prévia para a realização de investimentos caracteriza modelos de desenvolvimento econômico de tipo conservador, sendo possível pensar, entretanto, na necessidade de igualdade entre poupança e investimentos apenas *ex-post*, como para alguns keynesianos.

Nem todos os países subdesenvolvidos estariam aptos a se industrializar. Isso se deve a que a industrialização requer mercados com dimensões e renda mínimas. Países pequenos com rendas medianas, como o Chile da década de 1970, ainda que concentrem renda, não criam mercado consumidor para que as grandes empresas estrangeiras neles se instalem, razão por que permanecerão dependentes dos humores dos mercados consumidores de seus produtos. O caso brasileiro é exemplar porque, apesar da baixa renda *per capita*, a concentração de renda foi profunda e as dimensões demográficas suficientes para a constituição de um mercado consumidor de bens de consumo duráveis. O país, portanto, industrializa-se.

O Estado, no Brasil, foi peça-chave na industrialização por diferentes motivos. Foi ele que montou a infraestrutura necessária para que as empresas estrangeiras se instalassem e contribuiu para a concentração de renda de modo a criar o mercado consumidor para as mesmas empresas.

Ainda que Furtado não condene a participação do Estado nesse processo de maneira cabal, dados os efeitos positivos para o país decorrentes da criação da infraestrutura referida anteriormente, o processo de concentração de renda é por ele entendido como perverso. Na verdade, por meio dele carece de sentido o próprio crescimento econômico,

CAPÍTULO I - CELSO FURTADO EM SEU CENTENÁRIO...

porque não permite a superação da miséria. Sendo assim, tal crescimento transforma-se em um mito, isto é, um conjunto de pressupostos cuja verificação é impossível e, no caso brasileiro, uma mentira. Isso porque, quando se fala em desenvolvimento econômico, pensa-se na extensão, ao conjunto da sociedade, dos padrões de consumo vigentes entre as populações dos países centrais. No Brasil do Milagre Econômico, pelo contrário, as políticas públicas objetivaram promover o crescimento do PIB sem beneficiar o conjunto da sociedade, mas apenas o que já tinham elevado nível de renda.

Com estruturas sociais distintas, têm-se mercados consumidores diferentes e dinâmicas econômicas próprias. Nos países desenvolvidos, a busca pela inovação tecnológica resulta na introdução de novos processos produtivos e no lançamento de novos produtos. Inicialmente caros, esses produtos vão se tornando acessíveis aos trabalhadores por efeito da redução dos custos de produção e, em um período em que o Estado evita deflações, pela elevação dos salários. Isso é desenvolvimento econômico, e não apenas o crescimento do PIB. Nos países subdesenvolvidos, a introdução de novas técnicas era feita principalmente pelas grandes empresas, estatais ou estrangeiras, com base no que fora desenvolvido no centro. Essas novas técnicas permitiam a redução dos custos de produção, porém ao contrário do que se dá nos países desenvolvidos, o repasse dos ganhos à sociedade se dá de maneira muito menor: não há substancial elevação de salários pelo excesso estrutural de oferta de mão de obra proveniente do setor de subsistência, e o barateamento dos produtos mais sofisticados não os tornam acessíveis aos trabalhadores em geral em razão dos baixos salários que recebem. Nesse caso, o progresso técnico resulta em maiores ganhos para as firmas estrangeiras e na diversificação do consumo dos abastados.

Em síntese, o objetivo crucial de Furtado em *Análise do modelo brasileiro* é procurar entender o vigoroso crescimento da economia brasileira de 1968 até 1972 (data de publicação do livro). Segundo o autor, a dinâmica desses anos foi propiciada por um modelo de crescimento que constou dos seguintes elementos:1) favorecimento da acumulação de capital, por meio de subsídios governamentais e elevadas barreiras protecionistas; 2) redução dos salários – arrocho salarial – em relação aos aumentos de produtividade, utilizando-se para isso a elevação do nível geral dos preços e a repressão aos sindicatos e outras organizações dos trabalhadores; 3) modificação do perfil da demanda em favor de uma classe média alta, visando atender a capacidade produtiva das empresas de bens de consumo duráveis – essa demanda da classe média alta foi dinamizada mediante dois artifícios: financeiro com juros subsidiados e lucros financeiros, com compra e venda de títulos públicos; 4) subsídio para exportação de produtos industriais – para compensar a falta de demanda interna; 5) forte investimento do Estado, que recuperou sua participação relativa ao nível de 1956/1960.

Uma das consequências da política de alta proteção e subsídio às empresas industriais foi induzir muitos empresários a adotar métodos produtivos de elevada dotação de capital por operário, o que explica a baixa capacidade criadora de novos empregos pelas indústrias. Também a concentração de renda, incentivada pelo modelo de crescimento, ajudou a diversificar o consumo de bens duráveis, intensificando o progresso tecnológico, de baixa absorção de mão de obra. Diante dessa incapacidade do sistema econômico de absorver grande quantidade de trabalhadores, Furtado diz que o principal problema do país, naquela época, era gerar emprego para a sua numerosa população, em que a tese de que a industrialização superaria o subdesenvolvimento estava desacreditada. A industrialização, por si mesma, trouxe novas formas de dependência. Conclui Furtado que o modelo de crescimento brasileiro foi concentrador de renda e riqueza, favorecendo apenas uma pequena parcela da população, situada nas classes altas e média alta.

Análise do modelo brasileiro é uma denúncia da opção conservadora adotada pelo Estado, assim como *Um projeto para o Brasil,* de 1968, é uma proposta de alteração das estruturas sociais em um momento crítico, no qual as forças conservadoras estavam prestes a dar novas mostras do que pretendiam. O que propôs Furtado coaduna-se com a crítica que fará do desenvolvimento econômico em *O mito do desenvolvimento econômico.* Nessa obra o autor evidencia o fato, já apontado por estudo da ONU, de que a elevação do consumo das populações dos países subdesenvolvidos aos mesmos níveis das populações dos países desenvolvidos era simplesmente impossível. O meio ambiente não suportaria a carga. Por

CAPÍTULO I - CELSO FURTADO EM SEU CENTENÁRIO...

outro lado, ainda que fosse considerado positivo o comportamento da economia brasileira entre 1967 e 1974, quando o crescimento do PIB era inaudito, seria benéfico para toda a população?

A relação existente entre *O mito do desenvolvimento econômico e Um projeto para o Brasil* encontra-se na constatação de que a continuidade do crescimento dissociado de alterações nas estruturas sociais é pouco relevante. Assim, enquanto no primeiro, escrito em 1972, Furtado propõe a substituição do crescimento da renda *per capita* por índices de melhorias sociais para aferir desenvolvimento, no segundo, escrito em 1968, a proposta é alterar o perfil brasileiro da demanda por consumo por meio de uma reforma agrária. Isso permitiria aos trabalhadores do campo a elevação da renda que auferiam, o que alteraria o ritmo de crescimento da força de trabalho existente nas cidades; reduzindo-o, ao longo do tempo, os salários urbanos também se elevariam. O resultado do crescimento da renda dos extratos sociais de menor capacidade de consumo seria estimular as indústrias produtoras de bens não duráveis, as quais tinham, então, pequena participação estrangeira. Tratava-se, portanto, de uma proposta de redistribuição de renda e de estímulos às empresas de capital nacional. Perderiam, obviamente, os expropriados pela reforma agrária, mas não apenas eles; as empresas produtoras de bens de consumo duráveis também perderiam, uma vez que o mercado brasileiro para os produtos por elas fabricados se reduziria, a não ser que aceitassem reduzir preços, abrindo mão de parte das receitas anteriormente recebidas e, portanto, reduzindo o envio de divisas – excedente que poderia elevar a poupança interna e financiar investimentos – para o exterior.

O crescimento econômico brasileiro, nas propostas de Furtado de 1968, passaria a ter um outro perfil; isto é, por um lado, teriam maior participação na condução do processo as empresas nacionais, favorecidas com a ampliação de seus mercados por efeito da redistribuição de renda decorrente da alteração dos direitos de propriedade. A oferta de mão de obra ficaria profundamente alterada pela redução do êxodo rural. Ao mesmo tempo, a demanda por trabalhadores dependeria de empresas cuja expansão melhor se adequava à dotação de fatores de produção da sociedade brasileira, ou seja, uma vez que as empresas brasileiras, produtoras de bens de consumo não-duráveis, empregavam uma maior quantidade de trabalhadores por unidade de produto produzido em comparação com as empresas estrangeiras, que se especializaram em bens de consumo duráveis, o resultado seria uma mais rápida absorção do excedente populacional e, por consequência, uma aproximação do mercado de trabalho brasileiro ao perfil dos mercados de trabalho dos países de maior renda *per capita*.

O pressuposto das mudanças aqui referidas era a não oposição de quem perderia rendimentos. Esse era, no entanto, o preço da retomada do crescimento econômico tendo em vista a estagnação pela qual passara a economia brasileira entre 1962 e 1967. Em 1974, esse argumento perdeu sentido. Ficou provado que a economia brasileira podia crescer ainda que sem distribuir igualitariamente os frutos do crescimento econômico. O apelo de Furtado em *O mito do desenvolvimento econômico* foi, então, humanitário. De que servia o crescimento do PIB se as condições de vida da maioria da população não melhoravam? Por isso a opção por índices de alfabetização, expectativa de vida, assistência médica e acesso aos bens culturais, aproximando-o da proposta então recente de Amartya Sen de uso do IDH, em vez do uso do PIB *per capita*, para aferir o desenvolvimento econômico de uma nação.

Em *Um projeto para o Brasil*, Furtado procura identificar as causas do baixo crescimento da economia brasileira no período de 1962 a 1967, bem como sugerir uma ação global, em várias frentes, para sair daquela paralisia. Segundo o autor, a principal causa do baixo crescimento era o perfil da demanda global. Explicando melhor: o aumento da produtividade não era repassado à força de trabalho, mas sim aos donos dos meios de produção, concentrando, ainda mais, a renda nas camadas altas da sociedade. Essa concentração de renda, via aumento da produtividade, só foi possível pela introdução de um progresso tecnológico incompatível com a abundância relativa de mão de obra no país, favorecido pelo governo federal pelas políticas de câmbio e crédito subsidiado: câmbio favorável às importações de máquinas modernas, poupadoras de mão de obra com crédito subsidiado para a compra desses equipamentos. Assim, a maior concentração de renda nas camadas altas da sociedade provocou duas consequências: a) consumo de bens de grande densidade de capital e pouca absorção de mão de obra; e b) redução do potencial de crescimento da economia.

CAPÍTULO I - CELSO FURTADO EM SEU CENTENÁRIO...

A pergunta que surge é: por que esse perfil da demanda das classes altas reduz o crescimento da economia? Explica Furtado que esse perfil de demanda deixa desocupada ou subutilizada boa parte da mão de obra do país. Portanto, o perfil da demanda, causado pela concentração de renda impede que uma grande parte da mão de obra encontre emprego e saia de sua condição marginal.

Caso os ganhos de produtividade fossem repassados à força de trabalho, e não somente aos donos dos meios de produção, o crescimento dos rendimentos dos trabalhadores possibilitaria a ampliação do consumo de bens agrícolas e de consumo de bens não duráveis, a grande absorção de mão de obra e a baixa densidade de capital; e, portanto, dar-se-ia um enorme potencial para o crescimento à economia do país. Assim, para Furtado, era possível aumentar o valor do produto global, mediante simples modificação no perfil da demanda global alterando-se os direitos de propriedade da terra por meio de uma reforma agrária.

O que era preciso para mudar esse perfil da demanda? Segundo Furtado, apenas duas medidas, além da reforma agrária: a) tributar o consumo das classes altas; b) orientar os novos investimentos públicos, financiados pela tributação das classes altas, para atividades com maior capacidade de absorção de mão de obra. Note-se, no entanto, que existe uma hipótese básica, salientada por Furtado: essas medidas só poderiam se realizar caso os donos dos meios de produção – as camadas altas da população – concordassem em reduzir sua participação na renda global, pois essa classe teria o poder político de impedir qualquer tipo de redistribuição de renda. Essas duas medidas modificariam o perfil da demanda global, e essa redistribuição de renda garantiria, por si só, uma retomada vigorosa do crescimento econômico, pois a concentração de renda seria a causa do subemprego crescente dos fatores produtivos. Furtado destaca que, no Brasil, os salários não têm nenhuma relação com as elevações da produtividade.

Devemos lembrar o que Furtado escreve em *Um projeto para o Brasil*: uma ação global em várias frentes. A primeira delas seria a alteração do perfil da demanda mediante uma melhor redistribuição da renda e dos investimentos. As outras ações seriam: a) atacar o latifúndio, pois este concentra renda e dispensa mão de obra; a grande propriedade é um obstáculo ao desenvolvimento; b) incrementar as exportações industriais para vencer a insuficiente capacidade de importar (desequilíbrio externo); c) reter no país e transferir para a população os frutos do progresso técnico das grandes empresas transnacionais; nacionalizar a direção das empresas transnacionais; d) investir no ser humano (educação e cultura).

Furtado conclui o livro acreditando que o desenvolvimento dependeria cada vez mais da ampliação do mercado interno. O fator dinâmico externo jamais seria condição suficiente para o desenvolvimento.

3. CONSIDERAÇÕES FINAIS

Obviamente, um processo como o vivido pelo Brasil do Milagre é possível somente onde a democracia é, tal como o desenvolvimento econômico, uma mentira. O regime militar conseguiu conciliar a manutenção do êxodo rural e os salários baixos para os trabalhadores de menor qualificação profissional, e com a concentração de renda surgiu a demanda por bens de consumo produzidos por empresas estrangeiras. Fosse uma democracia, teríamos, ao menos, a oposição firme dos trabalhadores urbanos.

O conjunto bibliográfico analisado acima possui uma constância, apesar de cada obra ter especialidades que as diferenciam: a procura pelo entendimento do subdesenvolvimento brasileiro. Essa procura se apresenta na análise da gênese de nossa estrutura econômica em *Formação econômica do Brasil,* na denúncia dos efeitos perversos que requereu a continuidade do processo de crescimento econômico em *Análise do modelo brasileiro* e em *O mito do desenvolvimento econômico* e, por fim, na proposta dos objetivos que fossem alternativos às suas consequências em *Um projeto para o Brasil.* Nesses termos, Furtado descrê de fatalismos corriqueiros, em que tudo é passível de sacrifício, menos as regras que regiam a dinâmica da economia brasileira e internacional. Furtado empregou instrumentos próprios à ciência econômica para fazer a crítica de um processo que no início da década de 1970 era intocável: o Milagre.

A disposição de Celso Furtado em continuar lutando pelo país mesmo com a saúde abalada foi um estímulo para nós. Em suas entrevistas

CAPÍTULO I - CELSO FURTADO EM SEU CENTENÁRIO...

e conferências em 2000, Furtado se mostrou atento às nossas mazelas e desafios. Ele argumentava que a concentração de renda se fizera com o benefício de uma acumulação interna que de alguma forma modernizou o país, mas que passou a ser feita em benefício da acumulação financeira.

Quando observamos que parcela crescente da receita pública foi despendida no financiamento da dívida pública – que se inflou entre 1994 e 2003, pela política monetária e cambial praticada pelo Banco Central –, concluímos que estávamos indo contra a maré dos avanços conseguidos até o início dos anos 1980. Furtado continuou sendo nossa esperança de sermos ouvidos além dos muros das poucas universidades que se mantiveram críticas à política econômica praticada no Brasil após 1990.

REFERÊNCIAS BIBLIOGRÁFICAS

FURTADO, Celso. *Formação econômica do Brasil*. Rio de Janeiro: Editora UnB, 1962.

_____. *Desenvolvimento e subdesenvolvimento*. Rio de Janeiro: Fundo de Cultura, 1965.

_____. *Um projeto para o Brasil*. Rio de Janeiro: Saga, 1969.

_____. *Análise do modelo brasileiro*. Rio de Janeiro: Civilização Brasileira, 1972. (Coleção Perspectivas do Homem).

_____. *O mito do desenvolvimento econômico*. Rio de Janeiro: Paz e Terra, 1975.

_____. *Teoria e política do desenvolvimento econômico*. São Paulo: Editora Abril, 1983. (Coleção Os Economistas).

Capítulo II

A PLANIFICAÇÃO, O ESTADO E AS ELITES NO PENSAMENTO DE CELSO FURTADO

Rosa Maria Vieira

Celso Furtado foi o mais fecundo teórico da primeira geração da Comissão Econômica para a América Latina (Cepal). Suas intervenções como economista, como homem de Estado e como intelectual público, seu envolvimento nos embates pelas reformas e pelos rumos da economia brasileira se sustentavam nas formulações teóricas que, no pós-Segunda Guerra Mundial, tornaram a periferia capitalista objeto de reflexão do pensamento econômico e a superação do subdesenvolvimento sinônimo de "construção nacional" e de industrialização.

A atualização, nos anos 1950, da "questão nacional", que desde o século XIX empolgava a intelectualidade brasileira, também pode ser creditada a Furtado. Uma análise acurada de sua obra, que transcenda o trato das questões estritamente econômicas, põe em relevo seus vínculos com certa tradição do pensamento brasileiro que fez da "construção nacional" o grande desafio da *intelligentsia* que, após os anos 30, pensou o Brasil a partir de novos parâmetros teóricos, tais como o culturalismo, o weberianismo e o marxismo. Não por acaso, deve-se a Francisco de Oliveira, parceiro na Sudene, a percepção inaugural e a referência a

Furtado como o quarto "demiurgo intelectual" do Brasil moderno, figurando ao lado de Gilberto Freyre, Sérgio Buarque de Holanda e Caio Prado Jr.[1]

Furtado transformou a preocupação da Cepal com o subdesenvolvimento na investigação intelectual da particularidade do modo brasileiro de ser capitalista. Segundo ele, essa realidade singular cobrava não só um corpo teórico específico para análise, como também um caminho próprio para o desenvolvimento, sustentado pela industrialização e pela acumulação interna, que não poderia ser trilhado em condições de livre atuação das forças de mercado. Ao fazê-lo, Furtado releu as teses cepalinas, dando-lhes uma *dimensão de historicidade* que originalmente não tinham e, sobretudo, acomodando-as a um substrato teórico-ideológico de bases nacionais e de grande influência, representado pelo pensamento social brasileiro comprometido com projetos de modernização.[2]

De modo mais claro, está se afirmando que Furtado, envolvido com a proposta de construção nacional, traduziu essa edificação em termos da ultrapassagem do subdesenvolvimento, da negação radical da vocação agrária do país e do reconhecimento de um destino compartilhado com toda América Latina. Como argamassa intelectual ofereceu uma formulação teórica em nova linguagem científica, a da economia, em que os fundamentos das concepções cepalinas e keynesianas, das teorias de François Perroux, de Mannheim e de Schumpeter mesclaram-se com aspectos e temáticas da larga tradição intelectual brasileira comprometida com a modernidade capitalista.

Dando continuidade a uma prática recorrente dos ideólogos da nacionalidade, Furtado levou a cabo uma das possibilidades ideológicas

---

[1] Ver a respeito OLIVEIRA, Francisco. *A navegação venturosa*: ensaios sobre Celso Furtado. São Paulo: Boitempo Editorial, 2003.

[2] Consultar, entre outros, PÉCAUT, Daniel. *Os intelectuais e a política no Brasil*: entre o povo e a nação. São Paulo: Ática, 1990; BASTOS, Élide Rugai; MORAES, João Quartim de (Coords.). *O Pensamento de Oliveira Vianna*. Campinas: Editora da UNICAMP, 1993; LORENZO, Helena Carvalho de; COSTA, Wilma Peres da (Coords.), *A década de 20 e as origens do Brasil moderno*. São Paulo: Editora da UNESP, 1997; MEDEIROS, Jarbas. A ideologia autoritária no Brasil. Rio de Janeiro: Editora da FGV, 1978; PIVA, Luís Guilherme, *Ladrilhadores e semeadores*. São Paulo: Editora 34, 2000.

CAPÍTULO II - A PLANIFICAÇÃO, O ESTADO E AS ELITES...

do ofício de historiador: *buscar numa temporalidade remota as determinações profundas do projeto nacional*, de modo a lhe conferir legalidade, procurando demonstrar sua realização como parte integrante dos anseios mais profundos do *povo-nação*. Seu livro mais influente, *Formação econômica do Brasil*, inscreve-se na tradição dos intelectuais brasileiros engajados que buscaram no passado, diligentemente perscrutado, a legitimidade histórica para suas propostas de construção da nacionalidade. Mas, diferentemente dos antecessores, Furtado, para construir *uma história* do Brasil coerente com o projeto de desenvolvimento, valeu-se de concepções e linguagem próprias de uma disciplina que, naquele momento, disputava espaço com interpretações da realidade nacional de corte jurídico, sociológico ou antropológico: a economia que, como um campo específico do conhecimento científico, acompanhava a emergência da forma capitalista e industrial de se produzir mercadorias no país.

Formação econômica do Brasil – um vasto painel das transformações econômicas da colônia à industrialização substitutiva de importações – foi elaborado *com o propósito de demonstrar as peculiaridades históricas de um país subdesenvolvido*, diversas das trajetórias das nações centrais. E, subjacente à busca das raízes do atraso, a intenção de demonstrar que subdesenvolvimento não era simplesmente um estágio natural do desenvolvimento econômico, mas sua superação não poderia dispensar nem um esforço teórico original, nem uma programação racionalmente conduzida pelo Estado.

O tema das elites e o "amor ao Estado", de larga tradição no pensamento brasileiro, foram outros aspectos da questão nacional redimensionados na obra de Furtado, nos termos da ação racional de uma *intelligentsia* que deveria valer-se do planejamento e fazer do Estado a ferramenta de ultrapassagem do subdesenvolvimento. É sabido que no Brasil a "construção nacional", desde suas origens, foi formulada numa *dimensão antiliberal* e que, ao longo da história republicana, assumiu claras feições antidemocráticas, haja vista os períodos ditatoriais.

Marcam a formação histórica brasileira, transições cruciais realizadas a partir de pactos entre as elites, com arranjos pelo alto, sem rupturas políticas efetivas e sempre excludentes com relação às massas.

Define a edificação nacional, a intervenção continuada do Estado, palco da intermediação de antigos e novos interesses de grupos dominantes, que se hipertrofiou ininterruptamente, dando vida a um organismo agigantado e de caráter híbrido, representando, ao mesmo tempo, as forças de mudança e conservação. Um espaço de conciliações contínuas, sem que nele os interesses populares tivessem verdadeira representação. Em suma, um Estado que não conseguiu se modernizar plenamente e nem se tornar efetivamente republicano mantendo-se, no mais das vezes, a serviço do manuseio privado das classes dominantes.

Nesses termos, justifica-se a ideia de que uma análise do *lugar do Estado* (*keynesianamente* pensado) e da *atuação das elites* (no sentido mannheimiano de *intelligentsia*) na obra de Furtado, que ultrapasse as evidências mais imediatas, precisa levar em conta os ecos da *longa duração* dessas temáticas na tradição intelectual brasileira e o próprio perfil político do país. A sugestão é que tal itinerário possibilitará o entendimento dos contornos peculiares das formulações planificadoras de Celso Furtado e de suas concepções sobre o papel do Estado, que apenas as referências às raízes cepalino-keynesianas não permitem entender.

1. ESTADO E PLANEJAMENTO NA PERIFERIA BRASILEIRA

Sabe-se que o Estado brasileiro assumiu funções essenciais no processo de acumulação no país. Essas relações se aprofundaram significativamente após a década de 1930, tornando-se estratégicas para a reprodução capitalista, particularmente nos setores que escapavam aos interesses e às possibilidades da burguesia agrária brasileira ou do capital estrangeiro. O Estado, centralizado e nacionalmente articulado, assumiu tarefas básicas: sustentou políticas econômicas de caráter industrial; tornou-se produtor de mercadorias e prestador de serviços, responsabilizando-se pela infraestrutura energética, pelos transportes, pelas indústrias de base; garantiu crédito industrial e avalizou empréstimos; fez da política cambial um instrumento de proteção de setores da indústria e de atração de investimentos. A ele coube, também, a responsabilidade de institucionalizar o mercado de força de trabalho, tal como foi exemplo a legislação sindical e trabalhista.

CAPÍTULO II - A PLANIFICAÇÃO, O ESTADO E AS ELITES...

Até meados do século passado, não houve, propriamente, planejamento econômico no Brasil, pois as inúmeras medidas econômicas, as reformas administrativas e a reestruturação do aparelho de Estado, para o desempenho das novas funções, não resultaram de estudos de caráter global e sistemático. Nas palavras de Celso Lafer, até 1956, as tentativas de planejar a economia brasileira,

> ... foram mais **propostas** como é o caso do relatório Simonsen (1944-1945); mais **diagnósticos** como é o caso da Missão Cooke (1942-1943), da Missão Abbink (1948), da Comissão Mista Brasil–EUA (1951-1953); mais **esforços no sentido de racionalizar o processo orçamentário** como é o caso do Plano Salte (1948); mais **medidas** puramente **setoriais**, como é o caso do petróleo ou do café do que experiências que pudessem ser enquadradas na noção de planejamento propriamente dito.[3]

Planejamento econômico, propriamente, só a partir de Juscelino Kubitschek, com o Plano de Metas e com os projetos de desenvolvimento regional, nacionalmente articulados, como a Operação Nordeste que deu origem ao Codeno e, posteriormente, à Sudene. Foi, exatamente, nesse período que a trajetória de Furtado se confundiu com iniciativas de racionalização do trato da *res publica* no Brasil e com projetos de desenvolvimento levados a efeito até o momento do Golpe Militar de 1964. Afastando-se da Cepal, no final dos anos 1950, na qual, durante uma década, ocupou o cargo de diretor da Divisão de Desenvolvimento, responsável pelo primeiro manual de técnica de planejamento das Nações Unidas, Furtado passou a conciliar produção teórica e intensa atuação administrativo-estatal. Pouco antes, ainda como funcionário das Nações Unidas, chefiou o Grupo BNDE-Cepal, responsável pelo *Estudo de um programa de desenvolvimento para o Brasil*, base do Plano de Metas. Posteriormente, já como um dos diretores do BNDE, foi nomeado para o *Grupo de trabalho para o Desenvolvimento do Nordeste*, responsabilizando-se

---

[3] LAFER, Celso. "O planejamento no Brasil: observações sobre o Plano de Metas (1956-1961)". *In*: LAFER, Betty Mindlin. *Planejamento no Brasil*. São Paulo: Perspectiva,1987, pp. 29-30.

ANTONIO CORRÊA DE LACERDA (ORGANIZADOR)

por um estudo (*Uma política de desenvolvimento econômico para o Nordeste*) que orientou a atuação da Sudene. A seguir, como primeiro titular do Ministério do Planejamento, criado pelo governo Goulart, deu forma ao *Plano Trienal de Desenvolvimento Econômico e Social* (1963-1965).

Nos livros, documentos e entrevistas de Furtado, dessa época[4], encontram-se temas que, persistindo em diversas combinações, sustentam sua produção teórica e justificam sua ação como administrador público. Ali estão: sua convicção reformadora, enquadrada por uma formação teórica cosmopolita; sua visão do intelectual como um pensador acima das classes e instrumento esclarecido do progresso, dotado de racionalidade científica e engajado na luta contra o atraso; e sua crença na isenção científica, em que razão e ciência fazem parceria com a ideia de neutralidade, de sabor positivista. Percebe-se, também, seu empenho em demarcar as diferenças entre as concepções estruturalistas e o campo teórico-econômico neoclássico, em sublinhar a orientação multidisciplinar na formação do economista, em defender a intervenção planificadora e democrática do Estado para controlar as forças cegas do mercado, de modo a colocá-las a serviço do desenvolvimento. Ou, sinteticamente, a sua disposição de abrir espaço às reformas que levassem o Brasil à superação do subdesenvolvimento, através do manejo do pensamento econômico estruturalista e da planificação estatal.

Planejamento, democracia e racionalização são questões antigas, as quais acompanham Celso Furtado desde os tempos da formação inicial na faculdade de Direito da Universidade do Brasil, na qual, em lugar do conhecimento jurídico, inclinou-se para os estudos de administração pública. Datam desse período (1944-1947), dois artigos publicados na *Revista do Serviço Público* – "Notas sobre a administração de pessoal do

---

[4] São obras deste período: "O desenvolvimento econômico". *Revista Econômica Brasileira*, Rio de Janeiro, n. 1, 1955; *Uma economia dependente*. Rio de Janeiro: MEC, 1956; *Perspectivas da economia brasileira*. Rio de Janeiro: MEC/ISEB, 1958; *Formação econômica do Brasil*. Rio de Janeiro: Fundo de Cultura,1959; *Operação Nordeste*. Rio de Janeiro: MEC/ISEB, 1959; *Desenvolvimento e subdesenvolvimento*. Rio de Janeiro: Fundo de Cultura, 1961; *A pré-revolução brasileira*. Rio de Janeiro: Fundo de Cultura, 1962; e *Dialética do desenvolvimento*. Rio de Janeiro: Fundo de Cultura, 1964.

CAPÍTULO II - A PLANIFICAÇÃO, O ESTADO E AS ELITES...

Governo Federal Americano" e "Teoria da estrutura em organização" –, que têm como eixo a problemática da racionalidade e da organização aplicadas à administração pública. Há, ainda, um terceiro – "Trajetória da democracia na América" – publicado na *Revista do Instituto Brasil-Estados Unidos*, em que estava em pauta as possibilidades da administração eficiente e democrática do espaço público no contexto de uma sociedade industrial de massas, como era o caso da norte-americana. Montesquieu, Rousseau e Tocqueville deram o suporte intelectual para que discutisse as bases da democracia americana; a sociologia de Weber deu os fundamentos para a investigação da gênese, do funcionamento e das implicações da burocracia moderna; Mannheim auxiliou nas especulações quanto às possibilidades de se garantir a democracia através de mecanismos de controle social. Como se vê, inauguraram-se aqui parcerias intelectuais que acompanharam Furtado em sua trajetória como teórico e homem público, fornecendo o substrato intelectual às proposições de reforma e planejamento.

Entre os tempos da Faculdade de Direito e o final da década de 1950, quando se envolveu diretamente na luta pelas reformas no Brasil, Furtado doutorou-se em Economia Política, na França do pós-guerra, acompanhou o debate teórico sobre a regulação da ordem capitalista e, sobretudo, sofreu as influências do movimento que transformou o mundo periférico em objeto da análise econômica. Isso ocorreu, especificamente, quando o segmento colonial pobre e atrasado, recém-incluído no rol dos Estados-nação independentes, passou a cobrar políticas de desenvolvimento e a desafiar o pensamento econômico (que, aliás, já não era mais o mesmo desde que o keynesianismo colocou em xeque a hegemonia neoclássica) para uma teorização sobre as mazelas e virtualidades do capitalismo na periferia. Durante os anos de estudo na Sorbonne, além da tese sobre a produção açucareira no Nordeste brasileiro e nas Antilhas, do conhecimento sistemático das teorias econômicas clássicas, das leituras regulares de Marx e Keynes, da proximidade com história econômica, Furtado recebeu a influência decisiva de François Perroux, o mais importante economista francês da geração pós-guerra, em trânsito, na época, para o estruturalismo. Foi graças às suas concepções – em especial a teoria do "polo de crescimento", segundo a qual o

ANTONIO CORRÊA DE LACERDA (ORGANIZADOR)

desenvolvimento econômico resultava de uma vontade política – que Furtado pôde sedimentar a ideia do Estado como fautor do dinamismo econômico e modificador das estruturas sociais.

Faltava, no entanto, a experiência decisiva para sua formação intelectual: o ingresso na Cepal, em 1948, como membro da equipe chefiada por Prebisch. Segundo Furtado, *a Cepal foi "sua escola de trabalho como economista"*.[5] Ali pôde estudar a América Latina, dirigir missões econômicas no México, no Chile, na Argentina e, sobretudo, fazer análises comparativas. A Cepal lhe permitiu enxergar o Brasil com outras lentes, reler a questão nacional na perspectiva de um destino histórico comum ao continente sul e perscrutar a teoria de Keynes com novo olhar. A partir daí, a questão-chave passou a ser o desvendamento das *razões do atraso brasileiro*:

> Onde estava a sua inferioridade? Superada a teoria da inferioridade racial, a resposta só podia estar na História, e lá fui buscá-la. Tudo isso me obrigou a repensar, a abrir um caminho. E comecei a ver o fim do túnel quando li Keynes. (…) Não posso dizer que descobri Keynes na CEPAL, porque já o havia estudado antes. Mas, até então, eu via o Keynes da "teoria do ciclo econômico", que era a sua grande contribuição e levava à política de estabilização. Na CEPAL, comecei a perceber a importância da visão macroeconômica da História. Tratava-se, agora, de olhar a História, vendo o macroeconômico, para entender a lógica do atraso e descobrir os fatores que impediam o crescimento de um país como o Brasil.[6]

Tendo em vista todo esse conjunto de referências, percebe-se que sem a compreensão do conceito cepalino de *subdesenvolvimento* como

---

[5] VIEIRA, Rosa Maria. "Entrevista com Celso Furtado", *Revista de História Oral*, *[S. l.]*, n. 7, pp. 21- 40, jun. 2004, p. 30. Disponível em: http://revista.historiaoral. org.br/index. php?journal=rho&page=article&op=view&path%5B%5D=74&path%5 B%5D=66. Acesso em: [inserir data].

[6] VIEIRA, Rosa Maria. "Entrevista com Celso Furtado", *Revista de História Oral, [S. l.]*, n. 7, pp. 21- 40, jun. 2004, p. 31. Disponível em: http://revista.historiaoral.org.br/ index.php?journal=rho&page=article&op=view&path%5B%5D=74&path%5B%5 D=66. Acesso em: [inserir data].

CAPÍTULO II - A PLANIFICAÇÃO, O ESTADO E AS ELITES...

categoria mediadora essencial, conformadora da leitura teórica e das concepções reformistas de Furtado, pode-se incorrer no erro de *deixar escapar o que lhe é peculiar* no tratamento do papel do Estado (*keynesianamente* pensado) e da ação racionalizadora dos seus quadros técnicos e intelectuais. Por isso, algumas questões demandam esclarecimento: em que consistia o *planejamento nas nações subdesenvolvidas*, segundo Furtado? De que modo se apropriava do *arsenal keynesiano*? Como projetava a *atuação do Estado* e de seus técnicos no Brasil?

Desde logo, é preciso salientar sua preocupação em mostrar a inconveniência de se transplantar para a periferia do capitalismo as experiências já existentes de planificação. A soviética, fundada na ideia de "balanços setoriais", herança das economias de guerra, estava, de antemão, descartada, seja porque "[n]ão conseguira progredir nem na direção da globalização (balanço nacional), nem na da previsão do comportamento da demanda de bens finais (balanços financeiros)", por obscuras razões cobertas de "retórica ideológica"; seja porque nesta economia o salário era determinado "administrativamente", deixando-se de lado a "motivação do trabalhador" e a "eficiência na coordenação de decisões". Já os países capitalistas de industrialização avançada que lançaram mão da intervenção do Estado para fazer frente às instabilidades cíclicas do capitalismo, aos efeitos ruinosos da Depressão de 1929, poderiam oferecer apenas referências, pois no caso dessas nações, "o pleno emprego" era por si só "suficiente para assegurar um elevado nível de investimentos, vale dizer, de criação de novos empregos".[7]

Bem diferentes eram as condições do mundo periférico, de países que, como o Brasil, conheceram um processo singular de industrialização por meio da substituição de importações, espontânea e problemática. Essa peculiar transição, de economia agroexportadora para industrial, mostrou-se incapaz de romper com o dualismo estrutural, característico do subdesenvolvimento. A convivência entre os setores econômicos arcaicos e as novas áreas mais dinâmicas, as taxas insuficientes de acumulação de

---

[7] FURTADO, Celso. *A fantasia organizada*. Rio de Janeiro: Paz e Terra, 1985, pp. 128-129.

capital e os limites impostos pelo mercado interno cobraram alto preço ao processo de desenvolvimento, seja em termos de concentração de renda, disparidades regionais, dependência tecnológica e endividamento externo, seja em termos da tendência à perda do dinamismo econômico, que abria caminho a longos períodos de estagnação, além da manutenção das altas taxas de desemprego estrutural da força de trabalho.

No caso da periferia subdesenvolvida, não fazia sentido colocar como "objetivo da política econômica o pleno emprego da força de trabalho". O que, de fato, importava era conseguir o "progressivo aumento da produtividade média". Como o que caracterizava o subdesenvolvimento era, sobretudo, "o desperdício de mão de obra por causa da insuficiência de capital", a questão central passava a ser a otimização no uso do capital, "a partir dos constrangimentos criados pelo comércio exterior, pela taxa de poupança interna, pela entrada líquida de capital e pelas preferências da coletividade com respeito à composição da oferta de bens de consumo". No Brasil, a ação do Estado deveria se concentrar na promoção de mudanças estruturais e na definição dos espaços de atuação dos empresários privados, ainda que para tanto fosse necessário enfrentar a inoperância do aparelho de Estado e a falta de dinamismo da classe empresarial. No primeiro caso, o problema poderia ser resolvido através de "reforma administrativa e um grande esforço de aperfeiçoamento dos quadros do setor público"; quanto ao segundo, sem a possibilidade de equação imediata, havia que se correr "o risco da hipertrofia da ação empresarial estatal".[8]

Múltiplas questões envolviam esse conjunto. A começar pelo desafio de não se tomar por analogia as experiências dos países centrais, uma vez que o atraso da periferia não correspondia, simplesmente, a um estágio natural de evolução do capitalismo, a debilidades transitórias, antecedentes naturais da reprodução madura do capital. Segundo Furtado, o subdesenvolvimento era um fenômeno histórico moderno, "coetâneo do desenvolvimento, como um dos aspectos da propagação da revolução industrial", decorrência do modo como se difundiu

---

[8] FURTADO, Celso. *A fantasia organizada*. Rio de Janeiro: Paz e Terra, 1985, pp. 129-132.

CAPÍTULO II - A PLANIFICAÇÃO, O ESTADO E AS ELITES...

a "técnica moderna no processo de constituição de uma economia de escala mundial". Pelo fato de serem contemporâneos das economias desenvolvidas, que lideraram a constituição do sistema internacional, os países subdesenvolvidos *não podiam, simplesmente, repetir esse processo*. Daí a necessidade de se tomar em consideração as peculiaridades da periferia, pois só assim seria possível descobrir até onde a experiência dos países desenvolvidos poderia servir como referencial para os subdesenvolvidos, cujo progresso estava na dependência da capacidade de criar sua própria história.[9]

Tendo em vista a particularidade do capitalismo periférico, o keynesianismo tinha de, necessariamente, ser aclimatado aos trópicos, pois a ação compensatória do Estado não poderia ser apenas conjuntural, ou ter, tão somente, um caráter anticíclico. Se nos países centrais o propósito era a recondução do sistema econômico ao seu ponto de equilíbrio, ao pleno emprego e à otimização de uma poupança ociosa, no mundo subdesenvolvido, tratava-se de uma ação permanente do Estado, com propostas públicas voltadas à superação dos obstáculos estruturais que impediam a arrancada para o desenvolvimento. Daí a razão de Furtado mesclar categorias keynesianas com a busca do sentido da história econômica do Brasil e da América Latina, pensado em termos de economia colonial (base do estatuto periférico), o que resultava em formulações que não expressavam um keynesianismo puro, mas uma "derivação de análise macroeconômica de inspiração keynesiana", mediada pela noção de subdesenvolvimento.[10]

2. A *INTELLIGENTSIA* REFORMADORA

Destacados o papel decisivo do Estado na superação do subdesenvolvimento e o recurso a um keynesianismo aclimatado às condições da periferia, restam, ainda, algumas perguntas essenciais, diretamente ligadas

---

[9] Cf. FURTADO, Celso. *Subdesenvolvimento e estagnação na América Latina*. Rio de Janeiro: Civilização Brasileira, 1968, pp. 3-4.

[10] BIELSCHOWSKY, Ricardo. *Pensamento econômico brasileiro*: o ciclo do desenvolvimentismo. Rio de Janeiro: IPEA/INPES, 1988.

à realidade nacional. Dispunha a sociedade brasileira de condições instrumentais para superar as dificuldades antepostas ao seu desenvolvimento? Suas classes dirigentes estavam à altura da empreitada? Quem seriam os agentes responsáveis pelas reformas?

Dialética do desenvolvimento, publicado em janeiro de 1964, foi o livro em que Furtado, mais claramente, respondeu a essas questões, revelando aspectos centrais da orientação ideológica e das concepções políticas que presidiram suas propostas de intervenção desenvolvimentista. Logo na introdução, um dado revelador da lógica que sustentava seu projeto: o *papel dos intelectuais no processo de desenvolvimento* que, segundo ele, era o de esclarecer as consequências das ações dos homens de Estado, prevenir atos que contrariassem interesses coletivos e, sobretudo, imprimir racionalidade a um mundo em que o destino humano se transformou em "problema político" e que, por sua natureza, estava impregnado de "elementos irracionais". Cabia ao intelectual essa responsabilidade por ser o "único elemento dentro de uma sociedade que não somente pode, mas deve sobrepor-se aos condicionantes sociais mais imediatos do comportamento individual." Na vertente conceitual da *intelligentsia* de Mannheim, Furtado lembrava que essa capacidade de se sobrepor às determinações sociais era o que possibilitava a essa categoria se movimentar num plano mais elevado de racionalidade, enxergar mais longe do que permitiam "as lealdades de grupo e as vinculações de cultura".[11]

Convencido da neutralidade e do poder transformador da razão científica, do papel dos intelectuais, que pairavam acima das irracionalidades da política e dos embates de classe, Furtado mergulhou no esclarecimento das contradições e dos impasses políticos gerados pelo modo singular como ocorreu a industrialização no Brasil, voltando sua atenção para aspectos que, comumente, não estavam presentes em análises estritamente econômicas. Liberto do olhar dos economistas, que viam o Estado como um epifenômeno da economia, Furtado deixou aflorar a dimensão ideológica que presidia suas concepções.

---

[11] FURTADO, Celso. *Dialética do desenvolvimento*. Rio de Janeiro: Fundo de Cultura, 1964, pp. 9-10.

CAPÍTULO II - A PLANIFICAÇÃO, O ESTADO E AS ELITES...

Segundo ele, as circunstâncias históricas da transição capitalista no país eram responsáveis por sua ordem burguesa peculiar. Referia-se ao fato da industrialização ter ocorrido no momento de declínio do dinamismo das atividades agroexportadoras, sem que houvesse uma clara consciência da natureza desse processo. A desagregação da economia cafeeira provocou repercussões imediatas no plano político, abrindo caminho à renovação das elites dirigentes que, a partir desse momento, escaparam ao universo ideológico dos cafeicultores. O progressivo predomínio do setor industrial, porém, não resultou de conflito aberto, de clara contradição entre as novas elites e os grupos políticos preexistentes, pois a franca decadência da economia colonial, nos albores da industrialização, fez com que os setores agrários abandonassem um posicionamento ideológico consistente, dedicando-se, a partir daí, ao que Furtado chamou de "um improvisado oportunismo político".

Sua intenção era mostrar que, no trânsito para a economia industrializada, o Brasil não conheceu o "deslocamento de uma superestrutura arcaica, como consequência de um processo de desenvolvimento de novas forças produtivas, cujos interesses procurassem afirmação no plano político".[12] Em outras palavras, sem rupturas revolucionárias, a crise que abriu caminho à industrialização não resultou de contradições entre novos setores em desenvolvimento e ideologias superadas, pois, no processo de substituição das importações, o declínio da base econômica agrária não ocorreu em virtude da "concorrência de novo sistema em formação". A decadência foi, antes, reflexo do enfraquecimento dos estímulos externos, pois o Brasil, como economia colonial, era apenas "uma das ramificações do capitalismo mundial, cujos centros estavam na Europa e nos Estados Unidos" e suas crises não passavam de "simples adaptações às novas condições surgidas nos centros dinâmicos da economia capitalista".[13] Da acomodação entre industriais em ascensão e grupos agrários decadentes, que detinham os centros de decisão política nacional, resultaram as dificuldades de diferenciação ideológica entre os dois

---

[12] FURTADO, Celso. *Dialética do desenvolvimento*. Rio de Janeiro: Fundo de Cultura, 1964, p. 112.

[13] FURTADO, Celso. *Dialética do desenvolvimento*. Rio de Janeiro: Fundo de Cultura, 1964, p. 112.

segmentos. No plano político, a indefinição da classe industrial impediu a emergência de novas lideranças, capazes de modernizar os marcos institucionais brasileiros, fazendo com que homens ligados às oligarquias tradicionalistas continuassem a controlar os centros de decisão no país.

Em síntese, segundo Furtado, o Brasil não conheceu uma revolução burguesa clássica, nos moldes da que presidiu o desenvolvimento do capitalismo na Europa. Aqui, a indústria apenas se estabeleceu como "subproduto do realismo na defesa dos interesses cafeicultores", como "decorrência da crise da economia colonial e da forma como esta continua a defender-se, e não um fator causante dessa crise".[14] Isto fez com que o país entrasse em fase de modificações estruturais com classes dirigentes que, no essencial, eram praticamente as mesmas de antes, sem consciência desse processo e incapazes de implementar uma política industrial definida.

Além da dimensão social conciliadora com os setores agrários tradicionais, Furtado salientou, também, o fato da burguesia industrial brasileira ter enveredado pela via da concessão aos capitais estrangeiros. Essa associação, que do ponto de vista dos interesses empresariais imediatos talvez tivesse sido a solução mais racional, revelou-se perversa para o país, pois a indústria desenvolveu-se em estreita dependência das divisas externas e em contradição com a capacidade decrescente do Brasil para importar. Os grupos internacionais se apropriaram de parte da poupança nacional, "a taxas negativas de juros", e a política cambial lhes permitiu que "reintroduzissem no país a uma taxa de juros favorecida os lucros que aqui auferiam e remetiam para o exterior". Disso resultou ampla desnacionalização da economia que levou ao estrangulamento externo, deixando às claras as contradições entre os interesses do desenvolvimento nacional e as empresas controladas por grupos estrangeiros.[15]

É importante que se atente para os desdobramentos políticos desse processo *sui generis* de transição, deduzidos por Furtado. A burguesia

---

[14] FURTADO, Celso. *Dialética do desenvolvimento*. Rio de Janeiro: Fundo de Cultura, 1964, pp. 113 e 129.

[15] FURTADO, Celso. *Dialética do desenvolvimento*. Rio de Janeiro: Fundo de Cultura, 1964, pp. 132-133.

CAPÍTULO II - A PLANIFICAÇÃO, O ESTADO E AS ELITES...

industrial brasileira, que emerge de sua análise, é uma classe gestada em íntima conexão com a economia colonial e que, historicamente, não pôde se mostrar à altura de suas tarefas nacionais, econômicas ou políticas. Tratava-se de uma burguesia cuja peculiaridade somente as condições do atraso brasileiro poderia explicar: uma classe com dificuldades de diferenciação ideológica frente às elites agrárias; um grupo social disposto à conciliação com os setores latifundiários, mesmo os mais atrasados (ligados à produção para consumo interno), em defesa da propriedade privada, especialmente nos momentos de maior tensão social; impossibilitada de apresentar um perfil empresarial; disposta a concessões a grupos externos e, por isso mesmo, incapaz de levar à frente um projeto de desenvolvimento nacional.

Do mesmo modo como a peculiaridade histórico-estrutural de país subdesenvolvido esculpiu as feições da burguesia brasileira, também diferenciou sua *classe trabalhadora*. Segundo Furtado, o desenvolvimento na periferia, ocorrido pela absorção de fatores de produção da economia arcaica preexistente e pela utilização de tecnologia transplantada das áreas centrais, permitiu que os capitalistas ficassem numa situação privilegiada frente aos trabalhadores, em razão da grande oferta de mão de obra (remanescente da agricultura arcaica) que a tecnologia industrial importada (poupadora mão de obra) não absorveu, gerando uma situação tendente a inibir o processo de luta de classes. Como decorrência, os capitalistas se acomodaram, revelando pouco dinamismo e acostumados a elevadas taxas de lucro, que não eram postas em xeque por pressão das massas assalariadas. Essas massas eram compostas por: trabalhadores urbanos, empregados no setor terciário; subempregados que viviam nas grandes cidades, expulsos pela miséria do campo, ocasionalmente absorvidos em obras públicas e construção civil; camponeses dispersos, submetidos aos latifundiários, incapazes de desenvolver um movimento político autônomo; e operários industriais, que compunham um agrupamento homogêneo, porém, numericamente inexpressivo. Esses, ao contrário do proletariado dos países centrais, tinham dificuldades de desenvolver consciência de classe, principalmente, porque a primeira geração não conseguia perceber suas condições como resultado de um processo de degradação social, como ocorria com os artesãos europeus durante a

ANTONIO CORRÊA DE LACERDA (ORGANIZADOR)

Revolução Industrial. Ao contrário, vindos em sua maioria de Minas Gerais e do Nordeste, de condições muito semelhantes às de "um servo rural", os operários percebiam-se como um grupo em ascensão social.

São evidentes as conclusões a que conduzem essas análises. Se, no Brasil, as instituições políticas clássicas (como o legislativo), enredadas por processos conciliatórios entre antigos e novos grupos dominantes, mostravam-se inoperantes face à modernização capitalista, e se faltavam espírito empreendedor e liderança política aos industriais, cujos limites de consciência os inabilitavam para um projeto coerente de desenvolvimento autônomo, algo deveria tomar seu lugar na condução das reformas que eliminassem os desequilíbrios estruturais do país.

Nas formulações de Furtado, um poder *ex-machina*, fora dos arranjos convencionais das classes dominantes, deveria imprimir racionalidade ao espaço político e implementar o desenvolvimento no país. Esse poder, único capaz de condicionar modos racionais de atuação e engendrar uma política industrial consistente, assumia a forma de um Estado intervencionista, manejado por uma elite intelectual que, em razão do conhecimento científico, da neutralidade com que usava o instrumental técnico e do lugar especial que ocupava na sociedade (acima dos condicionantes sociais imediatos), estaria em condições de viabilizar um projeto de reformas, dando feição aos interesses nacionais e respondendo com eficácia às aspirações da coletividade.

A partir dessas formulações, pode-se inferir que, para Furtado, o jogo puramente parlamentar, nos moldes liberais clássicos, não tinha condições de responder com eficácia às demandas do processo de transformação capitalista no Brasil, mostrando-se incapaz de fazer frente às contradições do subdesenvolvimento. Em princípio, a reforma do Estado era apresentada como solução para a crescente falta de legitimidade política da classe dirigente e para a necessidade de se adequarem as instituições aos imperativos da nova ordem industrial. Os agentes responsáveis pela "definição das aspirações coletivas", pelo "trabalho crítico de ação renovadora", que fariam o sistema funcionar, imprimindo eficácia ao Estado, não eram as tradicionais lideranças, nem os representantes da burguesia industrial. Isto ficaria a cargo dos membros da "classe dos

CAPÍTULO II - A PLANIFICAÇÃO, O ESTADO E AS ELITES...

trabalhadores intelectuais", extrato em condições de "interpretar os valores em todos os campos da cultura" e "identificar aquelas aspirações que traduzem as tendências mais profundas do sentir social".[16] Furtado se referia aos economistas e administradores públicos versados no planejamento democrático.

3. CONSIDERAÇÕES FINAIS

Sob as injunções das aceleradas mudanças capitalistas no Brasil, na metade do século XX, Celso Furtado rendeu-se ao fascínio da questão nacional, assumindo o desafio de um projeto em termos de "desenvolvimento para dentro". Ao exemplo dos ideólogos da nacionalidade que o antecederam, preocupou-se em identificar as particularidades do país, sob a mediação da ideia de subdesenvolvimento. Dentre as peculiaridades, apontou: ausência de uma burguesia nacional forte e inovadora, vocacionada para o comando de rupturas estruturais; continuidade da vida política manobrada por velhas oligarquias, no âmbito do liberalismo formal; inexistência das lutas de classes nos moldes dos países centrais, que barrava o florescimento de formas clássicas de organização política. Eram essas as singularidades que justificavam suas propostas de intervenção estatal, para muito além das práticas anticíclicas keynesianas.

Para o Estado, ele reservava o papel de demiurgo da nação (soberana e desenvolvida), a exemplo do que, antes dele, haviam feito outros ideólogos brasileiros compromissados com a modernização. Para a *intelligentsia,* cientificamente treinada no manejo das técnicas planificadoras, destinava as funções de imprimir racionalidade aos movimentos da política e substituir capitalistas destituídos de vocação para o comando do desenvolvimento nacional.

A mística do plano – a crença nas possibilidades quase ilimitadas do planejamento e da ação racionalizadora das elites superarem os limites do ordenamento social adverso, as fragilidades da acumulação e as

---

[16] FURTADO, Celso. *Dialética do desenvolvimento.* Rio de Janeiro: Fundo de Cultura, 1964, p. 49.

contradições sociais – deu ao projeto de Furtado um inequívoco *caráter utópico* e voluntarista, que os movimentos da realidade encarregaram-se de desvelar. Suas análises, capazes de identificar a crise do processo de substituição de importações, a dimensão histórica do subdesenvolvimento, a impossibilidade da burguesia brasileira levar à frente um projeto de capitalismo autônomo e o caráter passivo das experiências nacionais de "revoluções pelo alto", no entanto, não lhe possibilitaram entender, de imediato, a nova etapa da acumulação capitalista aberta com o Golpe Militar. No exílio (1966), analisando os primeiros movimentos da política econômica da ditadura, prognosticou a "pastorização" do país e uma longa estagnação, exatamente no momento em que o capital monopolista internacional transformava o Brasil em um de seus espaços de reprodução e preparava o "Milagre brasileiro".

Os novos tempos desmentiram os prognósticos de regressão econômica, caso a industrialização se dissociasse da soberania nacional, das reformas estruturais de base e da incorporação das massas ao mercado. A ditadura comprovou que era suficiente uma reconcentração de poder e de renda para que a economia, perversamente, se expandisse. O novo modelo de desenvolvimento não demandava mudanças na estrutura produtiva, bastando-lhe o aprofundamento e a diversificação do consumo das classes médias e dos detentores de altas rendas.

No plano teórico, a cidadela das teses nacionalistas de Furtado foi atacada à esquerda, por novas interpretações sobre o desenvolvimento na América Latina. Ganharam força, as análises que desvinculavam a industrialização ampliada da emancipação nacional. O desenvolvimento dependente e associado era apontado como o "desenvolvimento possível" para a periferia. Isto é, a ideia de que a acumulação industrial oligopolista poderia avançar, apesar da dependência de capitais estrangeiros e exclusão de parcelas significativas da população. Segundo os "dependentistas", os investimentos estrangeiros não seriam obstáculos, mas alavancas para os países periféricos.

Apesar disso, a história reservou um lugar de honra no pensamento brasileiro às formulações de Celso Furtado. Sua pauta de resistência teórico-oposicionista aos efeitos socialmente perversos do capitalismo

CAPÍTULO II - A PLANIFICAÇÃO, O ESTADO E AS ELITES...

excludente no país serve, ainda hoje, como referência para economistas, para administradores públicos, para estudantes de economia, enfim, para todos os que se identificam com suas aspirações reformistas.

REFERÊNCIAS BIBLIOGRÁFICAS

BIELSCHOWSKY, Ricardo. *Pensamento econômico brasileiro*: o ciclo do desenvolvimentismo. Rio de Janeiro: IPEA/INPES, 1988.

FURTADO, Celso. *A fantasia organizada*. Rio de Janeiro: Paz e Terra, 1985.

_____. *Dialética do desenvolvimento*. Rio de Janeiro: Fundo de Cultura, 1964.

_____. *Subdesenvolvimento e estagnação na América Latina*. Rio de Janeiro: Civilização Brasileira, 1968.

LAFER, Celso. "O planejamento no Brasil: observações sobre o Plano de Metas (1956-1961)". *In*: LAFER, Betty Mindlin. *Planejamento no Brasil*. São Paulo: Perspectiva, 1987

VIEIRA, Rosa Maria. "Entrevista com Celso Furtado". *Revista de História Oral*, S. l., n. 7, pp. 21-40, jun. 2004. Disponível em: http://revista.historiaoral. org.br/index.php?journal=rho&page=article&op=view&path%5B%5D=74 &path%5B%5D=66.

Capítulo III

O PENSAMENTO DE CELSO FURTADO E A CRISE ECONÔMICA ATUAL[1]

Antonio Corrêa de Lacerda
Julio Manuel Pires

O ano de 2020, a par da situação de excepcionalidade engendrada em virtude da pandemia, fechando uma década de crise econômica, corresponde também ao centenário do nascimento de Celso Furtado. A situação atual e o quadro de deterioração econômica, política e social vivido pelo Brasil sobretudo a partir de 2014 certamente incomodariam profundamente Furtado se vivo estivesse. Mas não só isso, decerto ele teria muita coisa para dizer sobre as razões da crise e como poderiam se encaminhar as soluções.

Essa era a sua especialidade, e foi para isso que ele dedicou o melhor de seu esforço intelectual durante toda a vida: entender o processo de constituição do Brasil, diagnosticar seus problemas basilares, para, a partir daí, formular propostas de intervenção visando solucioná-los. Tais

---

[1] Artigo originalmente publicado sob o título: "Os dilemas do desenvolvimento brasileiro no século XXI à luz do pensamento de Celso Furtado". *Cadernos do Desenvolvimento*, Rio de Janeiro, vol. 15, n. 26, pp. 355-365, jan./jun. 2020.

preocupações, ostensivas em sua obra, ensejaram contribuições valiosas para entendermos a situação brasileira atual e vislumbrarmos alternativas de solução.

Dessa forma, no ano do centenário de Celso Furtado, este capítulo propõe-se a promover uma reflexão sobre os dilemas do desenvolvimento brasileiro recente à luz do seu pensamento. Para isso, intentamos, com base nos subsídios proporcionados por algumas obras selecionadas do pensamento furtadiano, proceder a uma análise dos principais dilemas enfrentados pela economia brasileira e uma reflexão crítica das escolhas das políticas econômicas no período 2010-2018 para o desenvolvimento.

Discorrer sobre a relevância das ideias de Celso Furtado para a estruturação do pensamento econômico crítico brasileiro soa, ao mesmo tempo, como tarefa prodigiosa e redundante. Prodigiosa porque estamos a nos reportar a uma vastíssima obra, construída em mais de meio século de reflexões atiladas e eruditas sobre a realidade econômica, política e cultural brasileira, e redundantes porque são inúmeros os artigos versando sobre sua personalidade, sua obra e alcance de suas ideias.

Nas considerações finais de seu imprescindível estudo sobre as ideias de Celso Furtado, Rosa Maria Vieira destaca não apenas o fato dele ter sido "o mais importante ideólogo e o mais expressivo teórico do projeto de construção de um capitalismo autônomo no Brasil nos anos 50 e 60", mas também evidencia que, a despeito da derrota política imposta pelo Golpe de 1964,

> ... seu projeto de desenvolvimento e sua leitura da realidade brasileira desbordam aquele momento histórico, tornando-se uma influência duradoura, que ganha forma numa escola de pensamento econômico (estruturalista) e alimenta projetos e análises de um amplo leque político oposicionista nacional comprometido com a transformação dos fundamentos econômicos e sociais do país, onde se incluem, inclusive, segmentos e partidos de esquerda.[2]

---

[2] VIEIRA, Rosa Maria. *Celso Furtado*: reforma política e ideologia (1950-1964). São Paulo: Educ, 2007, p. 379.

CAPÍTULO III - O PENSAMENTO DE CELSO FURTADO...

Assim, não há como subestimar a obra de Furtado, sua capacidade de análise, sua influência no debate econômico brasileiro e seu legado duradouro.

Advogado formado em 1944, logo se interessou pela economia, mais particularmente pela história econômica. A oportunidade de cursar o doutorado na Sorbonne resultou, em 1948, na tese sobre *L'Économie coloniale brésilienne*. De regresso ao Brasil, foi logo designado para representar o Brasil na recém-criada Comissão Econômica para a América Latina (Cepal), na qual permaneceu até 1953. Seguiram-se os trabalhos no Grupo Misto Cepal/BNDE, no Grupo de Trabalho para o Desenvolvimento do Nordeste, Sudene, Ministério Extraordinário para o Planejamento no governo Jango. Cassado pela ditadura militar, dedicou-se à vida acadêmica nos Estados Unidos e na França até poder retornar ao Brasil no início da década de 1980, quando participou ativamente do grupo de economistas de oposição ligados ao PMDB de Ulysses Guimarães, assumindo o Ministério da Cultura no governo Sarney.[3] Posteriormente e até o final de sua vida, Furtado continuou participando do debate econômico brasileiro, finalizando sua obra autobiográfica e publicando outros livros.

Celso Furtado, na feliz definição de Mallorquín (2005), era um intelectual político. Não um político intelectual, de forma alguma! Sem qualquer demérito para aqueles que, optando pela carreira política não deixaram de lado sua verve acadêmica, para Furtado, a ocupação de cargos políticos foi apenas uma contingência relacionada à sua vocação de fato, a de servidor público. Tal expressão alcança, em Furtado, seu mais nobre significado, mediante a aplicação sistemática e incansável de seu intelecto ao objetivo de entender o processo de constituição econômica, política, social e cultural do Brasil, para, a partir daí, sugerir caminhos. Caminhos estes que tinham como norte a melhoria do padrão de vida dos brasileiros por meio de um processo de desenvolvimento econômico

---

[3] GOULARTI FILHO, Alcides. "O pensamento de Celso Furtado: crenças e desilusões". *Economia*, Curitiba, n. 23, 1999, p. 124. Disponível em: https://revistas.ufpr.br/economia/article/download/1976/1638. Acesso em: [inserir data]. DOI: http://dx.doi.org/10.5380/re.v23i0.1976.

e social distinto do então percorrido pelo país, consistente com uma sociedade moderna, industrial, solidária e democrática.

Para tanto, cabia rejeitar dois trajetos possíveis: a inércia e a cópia pura e simples. Tratava-se, portanto, de não só mirar um modelo distinto do então existente – e isso vale para todas as décadas nas quais ele se mostrou mais ativo intelectualmente, dos anos 1950 à década de 1990 – mas também recusar o simples pastiche dos processos econômicos característicos dos países centrais.

O modelo buscado, conquanto possa incluir elementos típicos do desenvolvimento observado na Europa Ocidental e nos Estados Unidos, deveria se firmar sobre parâmetros e critérios próprios à realidade brasileira, respeitando seus aspectos sociais, culturais e históricos característicos.

Com base em tais considerações sintéticas iniciais, nosso intuito neste capítulo é tentar colocar em destaque alguns dos problemas econômicos atuais mais relevantes e observar em que medida o pensamento furtadiano pode contribuir para um melhor entendimento dos problemas econômicos atuais e referência para a busca de soluções que possam, de fato, indicar caminhos alternativos para a crise contemporânea.

O baixo desempenho do Produto Interno Bruto (PIB) brasileiro no período tem sido um retrato da incapacidade da retomada do crescimento econômico. Depois da recessão de 2015 e 2016, nos quais, no acumulado, houve uma queda de mais de 7% na atividade econômica, 2017 e 2018 apresentaram crescimento de apenas cerca de 1%. Em 2019, o crescimento foi apenas pouco superior a 1% e, em 2020, o Brasil viverá certamente a maior recessão da nossa história.

Em um de seus livros publicado no início da década de 1990, Furtado chama a atenção para o papel relevante emprestado ao crescimento econômico como estratégia de legitimação política num contexto de exacerbamento da concentração de renda:

> O que permitia aos brasileiros conviver com as gritantes injustiças sociais era o intenso dinamismo da economia. Muitos observadores (inseridos nos segmentos sociais privilegiados, evidentemente)

CAPÍTULO III - O PENSAMENTO DE CELSO FURTADO...

> descobriram nesse dinamismo uma fonte de legitimidade para um sistema de poder que gerava tantas injustiças. Outros (entre os quais me incluo) consideravam que o preço social que estava sendo pago pelo desenvolvimento era exorbitantemente elevado, e sua razão de ser estava na obstinada resistência da aliança de interesses oligárquicos à introdução de reformas modernizadoras das estruturas. Mas, pelo menos sobre um ponto havia consenso: interromper o crescimento econômico não contribuiria senão para agravar os problemas sociais.[4]

Assim, conquanto as oportunidades de ascensão se revelassem bastante díspares – com alguns grupos sociais usufruindo muito mais do que outros dos benefícios do crescimento econômico –, a possibilidade de certa mobilidade social e os ganhos econômicos marginais propiciados pelo aumento da renda serviam como forma de contenção dos ímpetos sociais mais exaltados numa sociedade tão desigual. Também, como observado por Furtado, a despeito da resistência das elites em promover qualquer medida efetiva para promover melhorias na distribuição de renda, havia um consenso quanto à desejabilidade deste crescimento.

Se até a década de 1970 é possível identificar um dinamismo expressivo da economia, o que certamente colaborou para, em parte, "legitimar" os governos estabelecidos, tal não ocorreu nas décadas seguintes. Não se trata de simples coincidência, nos anos 1980, 1990 e na segunda década do século XXI, a emergência de profundas crises econômicas, com fortes recessões, concomitantes às mudanças no controle do poder executivo federal.[5]

O quadro econômico atual, no qual após dois anos de profunda recessão vivemos três anos seguidos de estagnação, serve para intensificar

---

[4] FURTADO, Celso. *Brasil*: a construção interrompida. São Paulo: Paz e Terra, 1992, p. 12.

[5] Embora a ditadura militar já estivesse experimentando um processo de enfraquecimento desde meados dos anos 1970, parece-nos evidente que a profunda recessão de 1981-83, acompanhada de expressiva aceleração inflacionária e deterioração social tenha contribuído decisivamente para o fim do ciclo militar, o qual, em condições diversas, talvez tivesse perdurado até finais da década.

o processo de perda de legitimidade do atual bloco de poder, com consequências imprevisíveis nos próximos anos.

O desempenho pífio da economia nos últimos anos tem impactado diretamente o mercado de trabalho. O desemprego atingiu 11,6 milhões de pessoas, o equivalente a 11,9% da População Economicamente Ativa (PEA), em média, considerando o trimestre encerrado em dezembro de 2019, com base na Pesquisa Nacional por Amostras de Domicílios (PNAD Contínua), do Instituto Brasileiro de Geografia e Estatística (IBGE). Ressalte-se também o número recorde de trabalhadores sem carteira e por conta própria, fazendo com que os trabalhadores informais ascendessem a 41,1% do total da força de trabalho ocupada.

Em um conceito mais amplo, considerando o total das pessoas subutilizadas, chega-se a um universo de 27,6 milhões de pessoas. Isso abrange, além dos desempregados, que trabalham menos do que poderiam, os que não procuraram emprego, mas estavam disponíveis para trabalhar ou aqueles que procuraram emprego, mas não estavam disponíveis para a vaga. O dado também inclui os 4,8 milhões de pessoas desalentadas (que desistiram de procurar emprego).

Como cada desempregado a mais é um consumidor a menos, a retração do consumo dos que se encontram sem ocupação e o maior receio dos que permanecem empregados faz com que a demanda desabe. Além disso, o crédito continua muito caro, a despeito do fato de que a taxa de juros básica (Selic) se encontre em patamar historicamente baixo para padrões brasileiros.

Talvez uma das ideias mais reiteradas por Furtado em todas suas obras seja a necessidade de lastrear o desenvolvimento econômico brasileiro no mercado interno. O fato de sermos uma nação com amplo território e vasta população ensejam oportunidades ao Brasil não disponíveis de forma profusa. É evidente que as políticas atualmente desenvolvidas, assim como as reformas liberais implementadas e que se anunciam para os próximos meses, caminham exatamente no sentido oposto, na direção de debilitar ainda mais a capacidade de consumo da grande maioria da população.

CAPÍTULO III - O PENSAMENTO DE CELSO FURTADO...

> O que veio a chamar-se desenvolvimento econômico, no Brasil, traduz a expansão de um mercado interno que se revelou de enorme potencialidade. Longe de ser simples continuação da economia primário-exportadora que herdamos da era colonial – constelação de núcleos regionais autônomos –, a industrialização assumiu a forma de construção de um sistema econômico com considerável autonomia no que respeita à formação de poupança e à geração de demanda efetiva. Graças ao efeito de sinergia, esse sistema representava bem mais do que a soma dos elementos que o formavam.[6]

Dessa forma, também chama a atenção a ausência de políticas e medidas que impulsionem a produção, os investimentos e o consumo. Na já mencionada problemática do crédito, por exemplo, há muito a ser feito, mas, pelo contrário, as poucas medidas em curso têm sido no sentido de contraí-lo ainda mais, considerando a atrofia dos bancos públicos.

O Governo Bolsonaro e sua equipe econômica tem enfatizado seu discurso no papel da reforma da Previdência como fator de confiança, reversão das expectativas e retomada das atividades. Trata-se, no entanto, de superestimar o seu efeito sobre as expectativas, assim como na ação do mercado para isso. Tal perspectiva fundamentalista em relação à capacidade do mercado de equacionar os principais problemas do país vai de encontro ao ponto de vista de Furtado, cuja desconfiança relativamente a essa onipotência do mercado constitui-se num traço marcante de toda sua obra. Segundo a excelente síntese de Arturo Guillén:

> A concepção do desenvolvimento segundo Furtado sempre deixou de lado qualquer possibilidade de que ele pudesse ser conseguido por meio do *laissez faire*. Para ele, o desenvolvimento envolvia, como já vimos 'uma estratégia de modificação de estruturas', um projeto nacional de caráter social e cultural capaz de chegar a essa transformação de forma planejada e de reverter as tendências à concentração da renda e à exclusão social.[7]

---

[6] FURTADO, Celso. *O capitalismo global*. São Paulo: Paz e Terra, 1998, p. 39.

[7] GUILLÉN, Arturo. "A necessidade de uma estratégia alternativa de desenvolvimento no pensamento de Celso Furtado". *In*: SABOIA, João; CARVALHO, Fernando J.

Portanto, é preciso ir muito além do que medidas paliativas como as que têm sido adotadas para que se possa ter efeito positivo sobre a demanda, estimulando a produção e os investimentos. Para isso, é necessário criar um ambiente mais favorável ao crescimento diversificando suas estratégias e medidas, uma vez que muitas delas têm um tempo de maturação considerável.

A redução observada nos últimos meses da taxa juros básicos (Selic) é positiva. Mas, para além disso, o Governo carece de melhorar a articulação, tanto internamente, quanto na sua relação com os demais poderes e os agentes econômicos. Da mesma forma, precisa ir além da ênfase excessiva colocada na reforma da Previdência como único elemento de transformação e apresentar um conjunto mais abrangente de medidas para acelerar a recuperação da economia.

A questão fiscal é relevante, mas é preciso lembrar que sem crescimento econômico qualquer tentativa de ajuste esbarra no impacto restrito da arrecadação em função da fraca atividade econômica, pois "com a economia em recessão, todas as prioridades perdem nitidez, reduz-se o espaço para a ação".[8] Portanto, fomentar a atividade econômica, dado o seu efeito multiplicador, produz impactos positivos sobre a arrecadação tributária e, portanto, sobre o quadro fiscal.

Na contramão, insistir no discurso autofágico dos cortes de gastos, inclusive investimentos públicos, que já se encontram no menor nível histórico, não contribui para reverter o quadro adverso que persiste há anos.

No âmbito da macroeconomia, especialmente os aspectos fiscal, monetário e cambial, são elementos cruciais para o crescimento em bases sustentadas. Tendo em vista as circunstâncias do cenário internacional e doméstico, como, por exemplo, o impacto da queda da arrecadação devido à crise, as vinculações orçamentárias e outros, as questões mencionadas definirão o rumo dos próximos anos.

Cardim de (Coords.). *Celso Furtado e o século XXI*. Barueri: Manole; Rio de Janeiro: Instituto de Economia da Universidade Federal do Rio de Janeiro, 2007, pp. 157-158.

[8] FURTADO, Celso. *Em busca de um novo modelo*. 2. ed. São Paulo: Paz e Terra, 2002, p. 23.

CAPÍTULO III - O PENSAMENTO DE CELSO FURTADO...

Na questão fiscal, além da menor arrecadação decorrente da crise e do baixo crescimento econômico, destaca-se a restrição imposta pela Emenda Constitucional (EC) 95, que limita a expansão dos gastos públicos, e tende a cada vez mais reduzir o investimento público, como de fato já vem ocorrendo.

Além disso, faz-se necessário que o problema fiscal brasileiro deva ser abordado no âmbito das políticas macroeconômicas, assim como seu papel para o desenvolvimento econômico e social. É imprescindível promover a discussão sobre o custo de financiamento da dívida pública, que no Brasil atinge a média de 5,5% do Produto Interno Bruto (PIB) ao ano, o equivalente a R$ 380 bilhões, em 2018.

Logo na apresentação de seu livro *Em busca de um novo modelo*, Furtado alerta para a necessidade de "sabermos nos defender dos falsos 'consensos' que nos impingem as metrópoles imperiais".[9] E, dentre estes, talvez um dos mais nefastos na atualidade diz respeito ao papel da política fiscal na saída da crise econômica hodierna. A aposta em que a prometida "austeridade" levaria ao resgate da confiança que pudesse estimular a realização de investimentos e produção não tem dado resultado. Os investimentos, medidos pela Formação Bruta de Capital Fixo (FBCF) embora ora apresentem leves sinais de reação ainda se encontram em um nível médio cerca de 25% inferior ao observado em 2014, antes do início da crise. É inegável que a confiança seja importante. No entanto, ela, por si só, não garante um ambiente promissor para estimular a produção, o consumo e os investimentos.

As empresas não tomam decisões apenas levando em conta o grau de confiança, mas a expectativa de desempenho futuro da economia. Da mesma forma a elevada ociosidade, na média de cerca de 25% na indústria, associada ao elevado custo de financiamento também diminui o "apetite" para novos investimentos.

Ademais, nosso modelo tributário regressivo, incidindo fortemente sobre o consumo e produção – e não sobre a renda e a riqueza – além

---

[9] FURTADO, Celso. *Em busca de um novo modelo*. 2. ed. São Paulo: Paz e Terra, 2002, p. 7.

de contribuir para uma maior concentração de renda, sobrecarrega o chamado "custo Brasil", prejudicando o crescimento da atividade e a realização de investimentos. Há que se buscar, no âmbito de uma profunda reforma tributária, uma simplificação dos impostos, visando, além de maior justiça social, um sistema mais dinâmico, transparente e eficiente. Tal problema, como sabemos, não é recente, datando, infelizmente, de longa data. No início deste século, Furtado chama a atenção para este problema, sobretudo para a reduzida incidência sobre o setor econômico mais rentável da economia, numa citação que, a despeito de ser datada de quase duas décadas, mostra-se atualíssima:

> Mudar esse quadro de concentração da renda exigiria, para começar, que o país se dotasse de um sistema tributário socialmente mais justo. É urgente repensar o sistema tributário. Foge ao bom senso que o setor da economia de maior rentabilidade – o sistema financeiro – praticamente não seja tributado. Ora, nos anos recentes de crise ou recessão, os bancos foram os grandes beneficiários.[10]

Outro ponto relevante: é crucial buscar a desindexação da economia, inclusive da dívida pública.

O Brasil é o único país que remunera parcela expressiva da sua dívida a taxas de juros reais altíssimas, independentemente do prazo de vencimento, oferecendo pelos seus títulos, ao mesmo tempo, liquidez, segurança e rentabilidade, na contramão de outros países, que estimulam o financiamento de longo prazo. Este quadro cria um constrangimento para os gastos públicos, tornando mais difícil a execução dos investimentos, assim como a manutenção da qualidade dos programas sociais.

Torna-se fundamental ainda resgatar e aperfeiçoar a atuação dos bancos públicos, como impulsionadores do financiamento dos investimentos para a infraestrutura e outros setores. Tendo em vista a inexistência, ou insuficiência, de instrumentos de financiamento de longo prazo no mercado financeiro privado a taxas de juros minimamente

---

[10] FURTADO, Celso. *Em busca de um novo modelo*. 2. ed. São Paulo: Paz e Terra, 2002, p. 21.

CAPÍTULO III - O PENSAMENTO DE CELSO FURTADO...

compatíveis com a rentabilidade esperada dos projetos, a atuação dos bancos públicos revela-se crucial no atual quadro.

Uma das propostas que vez ou outra aparece como "balão de ensaio" por parte do governo – e não só este, em governos anteriores também –, diz respeito à necessidade de maior abertura da economia brasileira. Segundo grande parte dos economistas liberais, a despeito das reduções expressivas das alíquotas de importação e eliminação da maior parte das barreiras não alfandegárias desde o final da década de 1980, a economia brasileira ainda caracterizar-se-ia por ser uma das mais fechadas do mundo. Nesse sentido, uma nova rodada de reduções tarifárias seria um instrumento importante para conduzir nossa economia a níveis de produtividade mais elevados. Nos anos iniciais desse processo de abertura – início dos anos 1990 – Furtado já identificava a principal virtude e crítica a esse tipo de política:

> Os resultados de uma crescente abertura para o exterior são de início positivos, pois permitem que se intensifique a competitividade e promovem o acesso a economias de escala. Mas essa abertura, ao reduzir o grau de governabilidade, repercute negativamente no nível de emprego.[11]

Por conseguinte, voltando a um de seus temas preferidos, relacionado à necessidade de ampliar o grau de autonomia do centro de decisões nacionais, Furtado identifica como principal inconveniente da maior abertura da economia a redução operada na margem de manobra com que pode contar o Estado brasileiro na gestão econômica e social.

Ademais, há que se acrescentar os impactos negativos sobre os vínculos de solidariedade interna entre as diversas regiões do país.

> Ora, a partir do momento em que o *motor* do crescimento deixa de ser a formação do mercado interno para ser a integração com a economia internacional, os efeitos de sinergia gerados pela

---

[11] FURTADO, Celso. *Brasil*: a construção interrompida. São Paulo: Paz e Terra, 1992, p. 24.

interdependência das distintas regiões do país desaparecem, enfraquecendo consideravelmente os vínculos de solidariedade entre elas.[12]

Um outro aspecto que chama a atenção na política do atual governo diz respeito ao desprezo sistemático ao qual é relegada a área educacional. Além de um ministro que se assemelha mais a um *crown* grotesco do que a um gestor comprometido com a área, esse desprezo patenteia-se pelo corte brutal de recursos destinados ao financiamento da pesquisa no Brasil, mediante cortes no orçamento da CAPES e CNPq, e também reduções de recursos destinados à educação básica realizados no primeiro ano de governo, assim como pelo total descaso em relação à renovação do Fundo de Manutenção e Desenvolvimento da Educação Básica (FUNDEB), cujo prazo de validade se encerra no final de 2020. A esperança de que este que é o principal fundo de recursos para a escola pública no Brasil[13] persista reside apenas em iniciativas que começam a se esboçar no Congresso Nacional.

Nesse sentido, a observação feita por Furtado, há quase três décadas ganha ainda maior relevância quando passamos a lidar com um governo cuja ojeriza a tudo que diga respeito a educação, cultura e conhecimento científico revela-se tão patente.

> Para o conjunto da população, o ativo de mais peso na distribuição de renda é aquele que está incorporado como capacitação no próprio fator humano. Com efeito, outra característica básica do subdesenvolvimento é a existência de um amplo segmento da população privado de qualquer habilitação profissional. Inclusive daquela habilitação sem a qual não se tem acesso a nenhuma outra, que é a alfabetização. Os mecanismos de mercado tendem a

---

[12] FURTADO, Celso. *Brasil*: a construção interrompida. São Paulo: Paz e Terra, 1992, p. 32.

[13] Em 2019, dos R$ 258 bilhões que as escolas públicas do país aplicaram no ensino básico, R$ 156 bilhões (65%) vieram do FUNDEB. Disponível em: <https://exame.abril.com.br/brasil/em-2020-congresso-tera-desafio-de-manter-fundeb-e-garantir-recursos/>. Acesso em: 16 fev. 2020.

CAPÍTULO III - O PENSAMENTO DE CELSO FURTADO...

agravar essa situação, pois o acesso à habilitação é principalmente função do nível de renda do grupo social.[14]

CONSIDERAÇÕES FINAIS

O conjunto das políticas públicas desenvolvidas no Brasil desde 2015 – e fortemente acentuadas nos anos seguintes com os *dream teams* de Meirelles e Guedes que não conseguiram entregar nada mais do que pífios resultados em termos de crescimento econômico – caminharam fundamentalmente no sentido de desarticular as ações do Estado como agente promotor do desenvolvimento, com a frívola esperança de que o setor privado ocuparia automaticamente o papel do Estado no tocante à retomada do investimento e da geração de emprego. Nada mais distante da realidade! A respeito disso, em livro publicado no final dos anos 1960, Furtado já alertava para tal perspectiva equivocada:

> Debilitar o Estado como centro autônomo de decisões, não significa entre nós fortalecer a iniciativa privada; significa, sim, renunciar à formação de um sistema econômico nacional, isto é, um sistema de produção articulado em função dos interesses da coletividade nacional.[15]

Ou seja, as políticas debilitantes do Estado ora praticadas servem a alguns interesses muito bem identificados, mas, com certeza, não são políticas que atendem ao proveito do conjunto da população brasileira, notadamente os mais pobres.

> Um certo grau de centralização das decisões de investimento é condição necessária para que a estrutura de uma economia dependente se transforme, e mais ainda para que o faça com rapidez.

---

[14] FURTADO, Celso. *Brasil*: a construção interrompida. São Paulo: Paz e Terra, 1992, p. 56.

[15] FURTADO, Celso. *Um projeto para o Brasil*. Rio de Janeiro: Editora Saga, 1969, p. 133.

ANTONIO CORRÊA DE LACERDA (ORGANIZADOR)

> Entre nós a interferência do Poder Público nas decisões econômicas assumiu a forma de um complexo sistema de subsídios, implícitos na política de câmbio, na política fiscal e monetária, na política de preços e salários etc. O custo social dessas medidas nunca foi explicitado, mas não resta dúvida de que ele tem sido considerável, pois vem transferindo para a propriedade de um grupo ínfimo de pessoas, vultosos recursos retirados pelo Poder Público à coletividade. Não resta dúvida que essa política foi responsável pela elevação do volume dos investimentos e pela aceleração do desenvolvimento. Nem por isso se deve desconhecer que ela está na fonte da concentração da riqueza e da renda que são hoje um obstáculo a esse mesmo desenvolvimento. *Assim, o problema não é apenas de articular, através do planejamento, os investimentos que visam à modificar a estrutura do sistema econômico; é igualmente necessário que os meios utilizados não se transformem num mecanismo de concentração da riqueza e da renda.*[16]

A citação acima, conquanto relativamente longa, vale por sua precisão e impressionante atualidade. No que tange às políticas mais adequadas para a promoção do desenvolvimento econômico no sentido pleno da palavra, ou seja, um crescimento econômico que, entre coisas, não se caracterize pelo aumento da concentração de renda e sim promova uma melhor distribuição dos benefícios do aumento da produção, Furtado, embora se referindo claramente ao contexto da economia brasileira nas décadas de 1950 e 1960, formula uma crítica totalmente consentânea com nossa experiência recente, nada mais atual.

Para finalizar, talvez seja importante chamar a atenção para uma outra característica do pensamento furtadiano que muita falta faz no debate econômico atual, a criatividade.

Em artigo publicado recentemente, Paulo Nogueira Batista Júnior estabelece um interessante cotejo entre Celso Furtado e Mário Henrique Simonsen. Após ressaltar as excepcionais qualidades intelectuais de ambos

---

[16] FURTADO, Celso. *Um projeto para o Brasil*. Rio de Janeiro: Editora Saga, 1969, p. 51. Grifos nossos.

CAPÍTULO III - O PENSAMENTO DE CELSO FURTADO...

e as divergências teóricas e ideológicas que os diferenciavam, o autor ressalta um elemento fundamental que distinguia essas duas mentes privilegiadas, a originalidade de Furtado:

> Furtado e Simonsen se situam, portanto, no vasto campo intermediário entre ultraliberalismo e marxismo. O primeiro, digamos, na centro-esquerda; o segundo, na centro-direita. A grande diferença entre os dois, porém, é de outra ordem. Simonsen era de uma inteligência fora do comum, mas faltava a ele um atributo que sobra em Furtado – criatividade. Simonsen foi, primordialmente, um divulgador da economia ensinada nos Estados Unidos, que aplicava com maestria à discussão dos problemas brasileiros. A sua principal contribuição original à macroeconomia talvez tenha sido a investigação da correção monetária e da "realimentação inflacionária", que está na origem do que viria a ser conhecido como "inflação inercial" e do método de desindexação utilizado com sucesso no Plano Real – a Unidade Real de Valor (URV).

Já Furtado é, essencialmente, um pensador original, que trouxe contribuições variadas para a teoria e a história do desenvolvimento – em especial, do subdesenvolvimento econômico –, que marcaram época não só no Brasil, mas no resto da América Latina e do mundo.[17] (BATISTA JR., 2020).

É exatamente essa mistura de poder analítico e criatividade que faz com que as contribuições de Furtado sejam atemporais, ensejando uma rica reflexão sobre a realidade brasileira passada e presente.

No centenário de seu nascimento o pensamento de nosso mais importante economista se mostra cada vez mais vivo e necessário!

---

[17] BATISTA Jr., Paulo Nogueira. "Celso Furtado e Mário Henrique Simonsen: dois grandes economistas brasileiros". *Forum*, 27/09/2020. Disponível em: <https://revistaforum.com.br/debates/celso-furtado-e-mario-henrique-simonsen-dois-grandes-economistas-brasileiros-por-paulo-nogueira-batista-jr/>. Acesso em: 06 out. 2020.

REFERÊNCIAS BIBLIOGRÁFICAS

BATISTA JR., Paulo Nogueira. "Celso Furtado e Mário Henrique Simonsen: dois grandes economistas brasileiros". *Forum*, 27 set. 2020. Disponível em: <https://revistaforum.com.br/debates/celso-furtado-e-mario-henrique-simonsen-dois-grandes-economistas-brasileiros-por-paulo-nogueira-batista-jr/>. Acesso em: 06 out. 2020.

FURTADO, Celso. *Um projeto para o Brasil*. 5. ed. Rio de Janeiro: Editora Saga, 1969.

_____. *Brasil*: a construção interrompida. São Paulo: Paz e Terra, 1992.

_____. *O capitalismo global*. São Paulo: Paz e Terra, 1998.

_____. *Em busca de um novo modelo*. 2. ed. São Paulo: Paz e Terra, 2002.

_____. *Essencial Celso Furtado*. Rosa Freire D'Aguiar (Coord.). São Paulo: Penguin e Companhia das Letras, 2013.

GARGIULO, Felipe Freitas. *As desventuras de um "intelectual político"*: teoria e desenvolvimento econômico no pensamento de Celso Furtado (1958-1988). Dissertação (Mestrado em História Econômica) – Faculdade de Filosofia, Letras e Ciências Humanas, Universidade de São Paulo (USP), São Paulo, 2019.

GOULARTI FILHO, Alcides. "O pensamento de Celso Furtado: crenças e desilusões". *Economia*, Curitiba, n. 23, pp. 123-137, 1999. Disponível em: https://revistas.ufpr.br/economia/article/download/1976/1638. DOI: http://dx.doi.org/10.5380/re.v23i0.1976

GUILLÉN, Arturo. "A necessidade de uma estratégia alternativa de desenvolvimento no pensamento de Celso Furtado". *In*: SABOIA, João; CARVALHO, Fernando J. Cardim de (Coords.). *Celso Furtado e o século XXI*. Barueri: Manole; Rio de Janeiro: Instituto de Economia da Universidade Federal do Rio de Janeiro, 2007, pp. 139-165.

LACERDA, Antonio Corrêa de. "Por uma estratégia de política econômica para crescer e gerar empregos". *Revista Interesse Nacional*, São Paulo, set. 2020. Disponível em: http://interessenacional.com.br/2019/07/11/por-uma-estrategia-de-politica-economica-para-crescer-e-gerar-empregos/.

MALLORQUÍN, Carlos. *Celso Furtado*: um retrato intelectual. São Paulo: Xamã; Rio de Janeiro: Editora Contraponto, 2005.

MENDES, Candido. "Celso Furtado: fundação e prospectiva do desenvolvimento". *DADOS – Revista de Ciências Sociais*, Rio de Janeiro, vol. 48, n. 1, pp. 7-20, 2005.

CAPÍTULO III - O PENSAMENTO DE CELSO FURTADO...

Disponível em: https://www.scielo.br/scielo.php?script=sci_arttext&pid=S0011-52582005000100002. https://doi.org/10.1590/S0011-525820050 00100002.

SZMRECSÁNYI, Tamás. "Celso Furtado". *Estudos Avançados*, [*S. l.*], vol. 15, n. 43, pp. 347-362, 2001. Disponível em: https://www.revistas.usp.br/eav/article/view/9841/11413.

VIEIRA, Rosa Maria. *Celso Furtado*: reforma política e ideologia (1950-1964). São Paulo: Educ, 2007.

Capítulo IV

FURTADO: UM SONHO DESFEITO

Rubens Sawaya

1. INTRODUÇÃO

Cerca de 70 anos depois das discussões protagonizadas por Celso Furtado sobre a construção do fluxo dinâmico capitalista no Brasil como forma de superação do desenvolvimento, o tema volta a ser central. O país volta a ter o protagonismo do setor primário-exportador, em detrimento da indústria, com foco em soja e minério de ferro, produtos de baixo valor agregado e de pequeno potencial multiplicador dinâmico sobre a atividade econômica.

Esse processo de reversão de sua estrutura econômica e da forma de inserção do país na economia mundial é o resultado de um retrocesso acompanhado pela própria teoria econômica que retoma sua base neoclássica fundada no equilíbrio geral walrasiano do século XIX e na teoria das vantagens comparativas ricardiana, justamente o ponto de partida da crítica teórica de Furtado nos anos 1950-60. Estas teorias retornam em sua nova roupa neoliberal como base ideológica, as quais ocupam o poder econômico no Brasil desde os anos 1990, com um breve freio em sua volúpia entre 2003 e 2010. Elas têm sido responsáveis pela destruição da estrutura produtiva industrial nacional e pelo retorno à economia do tipo primário-exportadora.

Hoje, o retorno a essa condição talvez seja mais profundo em relação às formas de dependência estruturais analisadas por Furtado no início do século passado. O café era um produto relativamente mais sofisticado do que a soja, e, talvez, similar à cultura da cana-de-açúcar que atrasava o Nordeste, tão bem percebido por Furtado. Ela criava o mercado interno e fomentava uma atividade financeira com alguma sofisticação, possibilitando, assim, um impulso ao processo de industrialização "restringido". Centrado, hoje, em minério de ferro e soja, os capitais nacionais não detêm o controle nem dos insumos, nem dos equipamentos, ou seja, a base tecnológica; tampouco, eles detêm o processo de comercialização desses produtos, participando, apenas, na parte menos dinâmica, menos nobre e de menor agregação de valor na cadeia.

O principal problema do retorno à condição primário-exportadora, e da desindustrialização que segue, é a forma de inserção da economia brasileira na economia mundial, com a perda do controle de partes chaves do processo dinâmico da economia, e o retorno a uma estrutura dependente da geração de superávits comerciais submetidos à dinâmica da China, à importação de partes, peças e componentes de maior valor agregado com tecnologia estrangeira. A atualidade de Furtado é, infelizmente, a volta à uma discussão da década de 1950 sobre a dinâmica capitalista que parecia ter sido superada, como se a questão já não tivesse sido suficientemente debatida e justificada na época. A crítica sobre a forma de inserção dependente e subordinada foi profundamente feita por ele.

A atualidade da discussão retorna também, em grande parte, pelo sucesso do esforço industrializante da China – como antes havia feito o Japão por substituição de importações – em um novo projeto de internalização do fluxo econômico dinâmico como estratégia de desenvolvimento, como defendia Furtado. Esse país tornou-se o primeiro do mundo em PIB por paridade de poder de compra e se apresenta como protagonista global ao alcançar o controle sobre as partes nobres das cadeias produtivas, os setores de elevado padrão tecnológico. Conseguiu

CAPÍTULO IV - FURTADO; UM SONHO DESFEITO

superar, assim, em seu processo de desenvolvimento, justamente o problema da dependência tecnológica do grande capital transnacional que o Brasil tem e teve, e que, como percebeu Furtado, havia sido responsável por fragilizar a capacidade de continuidade do desenvolvimento da indústria no Brasil.

O Brasil, após o processo industrialização dos anos 50, viu-se, nos anos 70, enredado em novas relações de dependência tecnológica que lhe tirava o poder de controle sobre as cadeias produtivas internalizadas pela substituição de importações. Como apontou Furtado, esse foi o custo de entregar o controle, ao capital transnacional, dos setores de média e alta tecnologia, justamente aqueles elos que contribuem com maior valor agregado e detêm o poder de apropriação de valor de outros elos da cadeia por seu controle sobre ela. Na década de 1990, será esse grande capital em conjunto com determinadas frações de classe nacionais que, via políticas neoliberais, recolocarão o Brasil em pleno século XXI de volta a ocupar o lugar subalterno de primário-exportador na economia mundial. A atividade industrial perde seu protagonismo, levando a economia, os empregos, o seu poder dinâmico que transfere a economia à estaca quase zero.

No tempo em que Furtado discutia o desenvolvimento e a necessidade do processo de industrialização para romper com a dependência primário-exportadora que submetia o Brasil e outros países da América Latina a um tipo de subdesenvolvimento estrutural, ainda não existiam Mazzucato, Reinert, Amsde, Ha-Joon Chang e outros autores que descrevem atualmente as experiências concretas de construção de estruturas industriais complexas, ressaltando seu papel na dinâmica do sistema. Esses autores mostram, com base em dados históricos, o papel dos Estados nacionais no processo, a importância do controle sobre a tecnologia (controle de processo e de produto), bem como a necessidade de controle sobre nódulos estratégicos das cadeias de valor. Se hoje são os resultados históricos que contam, Furtado estava na ponta da construção teórica sobre o mecanismo desses processos de desenvolvimento.

O conceito de cadeia de valor ou cadeia de produção, de certa forma, estava na lógica da matriz de insumo-produto, analisada por

Furtado com base em Hirschiman, como ele mesmo aponta. Parte dos efeitos dinâmicos para trás e para frente do investimento na cadeia que, junto com o emprego e a renda que criam, constituem o fluxo dinâmico endógeno que se autoalimenta na lógica do processo de acumulação capitalista.

Pensar o Brasil como Furtado imaginava à sua época, uma nação a ser construída, sua integração ao mundo civilizado capitalista, pelo desenvolvimento que defendia nos anos 50 e 60, tornou-se heresia a partir da retomada da hegemonia do pensamento neoliberal nos anos 90, que tem suas bases no equilíbrio geral do século XIX, o qual se imaginava superado pelos debates teóricos iniciados na década de 1920 (após a Primeira Guerra Mundial) e estendidos após a Segunda Guerra Mundial. Mesmo o planejamento que teve aceitação no pós-guerra, como ação concreta dos Estados sobre a estratégia de desenvolvimento, e que foi responsável tanto para a reconstrução dos países centrais como para a industrialização de países na América Latina – em parte para se evitar o comunismo – passa, a partir dos anos 80, a ser questionado e banido por um neoliberalismo fundado em uma teoria econômica que já havia sido criticada por Furtado. Assim, desde o início dos anos 80, planejamento e ação estratégica de desenvolvimento, por meio de algum tipo de organização social capitaneada pelo Estado, tornaram-se palavrões.

Este capítulo tem o objetivo de demonstrar – infelizmente porque se supunha superada – a atualidade da discussão de Furtado sobre o desenvolvimento como construção estratégica planejada da dinâmica de acumulação capitalista. Essa questão torna-se novamente central, dado o grau de integração e controle das cadeias de valor que deixadas ao sabor do livre mercado são dominadas pelo grande capital transnacional. Assim, nossa inserção em seu elo menos dinâmico, primário-exportador, estruturalmente subordinado ao controle do grande capital, torna mais difícil a possibilidade de construção de uma dinâmica interna de desenvolvimento.

Furtado, com o Golpe Militar de 1964, compreende o papel do capital transnacional e as amarras que o desenvolvimento subordinado à lógica do processo acumulação mundial concretamente criavam à época. Ele percebe a transformação das relações de dependência e como essa submissão passa a ocorrer por dentro do controle do Estado na periferia.

CAPÍTULO IV - FURTADO; UM SONHO DESFEITO

Aquele golpe foi a materialização das novas formas de controle da nova dependência que tomaria lugar na década de 1990.

Hoje, mais uma vez, após curto período (2003-10) de tentativa de construção de alternativas de desenvolvimento capitalista aproveitando espaços na estrutura produtiva nacional muito restritos, um novo golpe recupera o poder da lógica neoliberal implantada nos anos 90. O resultado do retorno a essa experiência metafísica, porque nunca tentada no mundo, é a destruição agora completa do aparato institucional que um dia possibilitou a construção de uma estratégia de desenvolvimento capitalista, mesmo que não aquela sonhada por Furtado.

2. O DEBATE DE FURTADO E O RETROCESSO TEÓRICO

Como apontava Furtado, o estruturalismo econômico – escola de pensamento surgida na primeira metade dos anos 50 entre os economistas latino-americanos – teve como objetivo principal pôr em evidência a importância de parâmetros "não-econômicos dos modelos macroeconômicos".[1] Esses parâmetros constituem as relações de poder que comandam o funcionamento das variáveis macroeconômicas, ou "a análise dos sistemas de decisões" que têm como base o "regime de propriedade da terra, o controle das empresas por grupos estrangeiros, a existência de parte da população 'fora' da economia de mercado", a concentração de renda estruturalmente definida pela própria lógica do processo de acumulação.

Por fundar-se no estudo do conjunto de relações, das mais simples às mais complexas, que variam no tempo e no espaço, Furtado afirma que: "os estruturalistas retomam a tradição do pensamento marxista (...) na medida em que este (...) colocou em primeiro [plano] a análise das estruturas sociais como meio de compreender o comportamento das variáveis econômicas".[2] Furtado somou essa forma de pensamento

---

[1] FURTADO, Celso. *Teoria e política do desenvolvimento econômico*. São Paulo: Companhia Editora Nacional, 1971, p. 74.

[2] FURTADO, Celso. *Teoria e política do desenvolvimento econômico*. São Paulo: Companhia Editora Nacional, 1971, p. 75.

sobre a realidade concreta fundada na história à lógica macroeconômica de Keynes "que constitui marco importante na elevação de uma teoria explicativa do funcionamento dos conjuntos econômicos complexos".[3] Pode-se dizer que Furtado toma de ambos a lógica do processo de acumulação de capital fundada na transformação do dinheiro em capital, no investimento como a essência dinâmica do sistema, portanto, elemento central para a compreensão do processo de desenvolvimento.

A análise dessa dinâmica, a partir da história para compreensão das relações que constituem a estrutura produtiva concreta, completa a construção teórica. O resultado, como aponta Furtado, é a construção de um sistema baseado em um trabalho de empiristas que utilizam a história das relações como base da análise e, que dessa forma, constroem "um mapa, o mais completo possível, dos múltiplos processos sociais possíveis de expressão quantitativa", constituindo um trabalho de "cartografia social"[4], centrado em como essas relações sociais, que envolvem também as questões de poder, modificam-se no tempo.

Por isso, o estruturalismo de Furtado é a crítica direta à lógica teórica neoclássica baseada no equilíbrio geral walrasiano na

> ... ideologia [neo]liberal [que] admitia que o mecanismo dos preços velava para que os recursos produtivos da coletividade fossem utilizados de forma mais racional possível e que o desenvolvimento era algo que ocorria espontaneamente alí onde as instituições permitissem o máximo de iniciativa individual.[5]

Tratava-se de uma teoria de fundamento microeconômico baseada na vaga ideia de indivíduos iguais, maximizadores de sua utilidade diante de recursos escassos, que seriam eficientemente alocados pelo mecanismo

---

[3] FURTADO, Celso. *Teoria e política do desenvolvimento econômico*. São Paulo: Companhia Editora Nacional, 1971, p. 53.

[4] FURTADO, Celso. *Teoria e política do desenvolvimento econômico*. São Paulo: Companhia Editora Nacional, 1971, p. 75.

[5] FURTADO, Celso. *Teoria e política do desenvolvimento econômico*. São Paulo: Companhia Editora Nacional, 1971, p. 52.

CAPÍTULO IV - FURTADO; UM SONHO DESFEITO

de preços em um mercado livre. Essas ideias que fundamentavam o livre mercado eram ainda, supondo o sistema de alocação perfeito, complementadas pela teoria das vantagens comparativas. Assim, formavam a base teórica para a especialização primário-exportadora do Brasil, bem como para a ideia de desenvolvimento como um processo "natural" por etapas.

Para Furtado, a defesa dessa lógica, ao não compreender macroeconomicamente as relações de poder tanto internas como internacionais, prendia o país em uma relação de dependência estrutural ao capitalismo central. Essa dependência não tem relação com etapas de desenvolvimento, mas era rigidamente definida pela forma de inserção da economia na economia mundial. Assim, com a base teórica neoclássica, não era possível compreender o problema em todas as suas relações e complexidade. Furtado tinha de demonstrar que o subdesenvolvimento não é uma fase do desenvolvimento, "é (...) uma situação particular resultante da expansão das economias capitalistas".[6]

Para isso, precisava não apenas criticar o arcabouço teórico hegemônico da época, como criar uma teoria própria que desse conta de explicar o processo real concreto do subdesenvolvimento. As teorias neoclássicas eram consideradas, como hoje, universais, a-históricas, validadas para qualquer tempo e lugar. Essa lógica foi rompida pelo estruturalismo de Furtado profundamente discutido em seu *Teoria e política do desenvolvimento econômico* (1971), publicado ao final dos anos 60.

O que interessa aqui é notar o retorno a essa base teórica a partir dos anos 70, que se materializa no Brasil nas políticas neoliberais que tomam corpo na década de 1990.

O retorno da teoria econômica tradicional do tipo de equilíbrio geral walrasiano, talvez tenha sido estratégico. O objetivo era destruir – como deixa claro, por exemplo, Gustavo Franco em seus artigos da década de 1990 – o estruturalismo furtadiano e sua justificativa quanto à necessidade de interversão pública como forma de quebrar a estrutura subordinada e construir, em seu lugar, o fluxo

---

[6] FURTADO, Celso. *Teoria e política do desenvolvimento econômico*. São Paulo: Companhia Editora Nacional, 1971, p. 183.

dinâmico capitalista sob controle de capitais nacionais. O estrutura-lismo, ao colocar luz sobre as relações de poder que impediam o avanço capitalista no Brasil, deveria ser destruído e o foco conduzido para variá-veis microeconômicas afastando a discussão da perigosa compreensão das estruturas econômicas e de poder como propunha Furtado. Por isso, o neoliberalismo abandona a história, a própria realidade concreta, como já afirmava Furtado em sua crítica nos anos 60. Com a vitória do neoliberalismo, abandona-se a questão do desenvolvimento ou das estruturas que prendem o país no subdesenvolvimento, que recolocam o Brasil novamente como primário-exportador no mundo pelas "forças do mercado".

Assim, desde os anos 90, a velha teoria neoclássica criticada por Furtado retoma sua hegemonia pelos braços do neoliberalismo, pelas mãos de seu companheiro de Cepal, Fernando Henrique Cardoso, e recoloca o Brasil de volta à sua situação econômica próxima à dos anos 30, como primário-exportador. Para os teóricos do equilíbrio geral que se orgulham em retomar os fundamentos microeconômicos para entender a macro, Furtado já advertia na década de 1960 que, para eles, "tudo se passa como se, dentro de determinado processo histórico que é captado globalmente mediante métodos da macroanálise, os agentes tendessem a se comportar segundo certar uniformidades que são estabe-lecidas mediante recursos da microanálise"[7], sem qualquer consideração com o "estudo dos processos históricos" ou com a análise dos grupos sociais de interesse.

Assim, Furtado já criticava explicitamente a lógica que se torna hegemônica e que conduz o país novamente à condição de primário--exportador. Essa ideologia, renascida depois de cinquenta anos (1940-1990), adormecida durante o processo de industrialização (com todos os problemas que teve), transforma, novamente, o país em uma economia subordinada à dinâmica da economia internacional. Se, nos anos 80, nossa pauta de exportação de produtos industrializados alcançava 60%, hoje, inverte-se para a liderança das *commodities* de baixo valor agregado,

---

[7] FURTADO, Celso. *Teoria e política do desenvolvimento econômico*. São Paulo: Companhia Editora Nacional, 1971, p. 76.

CAPÍTULO IV - FURTADO; UM SONHO DESFEITO

voltando às relações de dependência anteriores à chamada "nova dependência" dos anos 70 que estava fundada na dependência tecnológica.

Os críticos de Furtado e do desenvolvimento planejado diriam que a estratégia industrializante resultou em inflação, forçando a realidade a se encaixar em sua teoria. Essa ideia é extremamente discutível quando se olha para a história. Mas, mais grave, para combater a inflação, eles acabaram com a estrutura produtiva industrial criada, acabaram com empregos de qualidade e com a produtividade mais elevada, ao tornarem o país novamente primário-exportador.

Por isso, eles fazem renascer uma discussão que já havia sido vencida por Furtado e pela realidade há muito tempo. As contradições, os problemas que cercam uma economia primário-exportadora e os elementos que impedem o desenvolvimento por esta via já haviam sido debatidos e considerados superados. A necessidade de industrialização na década de 1950, no mundo, operacionalizada pelo planejamento, chegou a fazer parte de um consenso teórico.

Vale ressaltar que aquela estratégia de desenvolvimento se rompeu não por seu fracasso, mas porque, como Furtado apontava, deveria lidar diretamente com as relações de poder econômico que se refletiam na propriedade fundiária, na distribuição de renda e, após o processo de industrialização da década de 1950, no poder de controle que capital transnacional passou a ter sobre a economia. Esse poder, como também percebe Furtado, nos anos 70, se enraíza nos aparelhos de Estado após o Golpe de 1964, e o coloca com suas ideias de reforma no exílio. A partir de então, a opção pelo fortalecimento do poder do capital transnacional sobre os setores mais dinâmicos resultará nas políticas de liberalização dos anos 90, na defesa de governos neoliberais para realizá-las de modo a permitir o processo de reestruturação global do capital transnacional que desindustrializa o Brasil e o coloca em padrões de desenvolvimento similares aos do início do século XX.

É esse retrocesso teórico que volta a ser hegemônico e destrói economias. Esse fato nos obriga a retomar o debate dos anos 40 diante do atraso econômico e social concreto que implica. De 1990 para cá, no mundo, os neoliberais tiveram o espaço aberto para aplicar seu "modelo de sociedade". Hayek e seus seguidores se queixavam de que no pós-guerra os keynesianos – que reconstruíram a Europa e permitiram o planejamento no Brasil – não deixaram a economia andar por sua própria "natureza", ganhando espaço no mundo nos anos 80. O resultado é um desastre completo que nos obriga a voltar em busca do caminho perdido, amplamente debatido e que sim, com problemas, havia tornado o capitalismo um pouco mais civilizado, havia industrializado a periferia, apesar de sob o controle do capital transnacional, grandes corporações, agentes que serão centrais no retrocesso. Voltamos a ser o resultado subalterno da "expansão das economias capitalistas" como disse Furtado.

Os Chineses observaram de perto as contradições para superá-las e tirar, nos anos de neoliberalismo no mundo, 700 milhões de pessoas da pobreza com planejamento e política estratégica de substituição de importações, buscando galgar os níveis mais elevados de tecnologia, tudo sob controle nacional. Enquanto isso, aqui no Brasil, 70 anos depois, discute-se novamente a dinâmica do capitalismo, a criação de um fluxo de renda e emprego, bem como o que fazer para impedir o poder natural destrutivo do capital materializado nas grandes corporações, como explícito em Marx, ou para querer controlá-lo, como imaginava possível Keynes, ou para utilizar estratégias de controle de Estado para garantir um processo civilizatório, como imaginava Furtado. Por isso, Furtado é atual. O que talvez ele desejasse mesmo é não ser atual, mas que sua discussão sobre o subdesenvolvimento estivesse superada e que nós estivéssemos discutindo o "futuro de nossos netos" em um mundo socialmente justo de real abundância, que o capitalismo promete, mas não entrega.

3 DESENVOLVIMENTO DENTRO DA DINÂMICA DO CAPITALISMO

A discussão de Furtado estava fundada na busca de como livrar o Brasil das relações de dependência estruturais que não permitiam o controle e a apropriação interna do valor criado para o fomento da dinâmica econômica nacional. Apontava que essa superação só seria possível pela introdução de setores em partes mais nobres da cadeia produtiva na estrutura econômica nacional, de modo a tornar possível a apropriação dinâmica

CAPÍTULO IV - FURTADO; UM SONHO DESFEITO

internamente do valor. Tinha, assim, por objetivo constituir, como no capitalismo avançado, um fluxo dinâmico interno de investimentos que gerassem renda, emprego de elevado padrão e remuneração. Demonstra que isso só é possível, para qualquer economia, galgando-se etapas dentro da cadeia de produção de maior sofisticação tecnológica que implique em elevação da produtividade e maior controle sobre o novo valor criado.

Furtado pensava a internalização de uma estrutura industrial diversificada em vários setores e em todos os departamentos (bens de capital e de consumo) da cadeia de produção. O objetivo era estruturar um todo homogêneo que tivesse dinâmica própria de criação e apropriação de valor, a exemplo dos países centrais desenvolvidos. Se Furtado tinha em mente uma estrutura industrial diversificada para se aproximar da dinâmica capitalista o máximo possível, de forma autônoma, a questão envolvia principalmente o controle sobre a cadeia de produção, hoje chamada de cadeia de valor. Sabia que o estabelecimento dessa dinâmica de forma autônoma só era possível internalizando-se os nódulos que permitem o controle sobre a cadeia, aqueles que detêm o domínio sobre a tecnologia. Não seria suficiente especializar-se em setores que não garantissem a superação das relações de dependência, principalmente tecnológica, que são controlados a partir do centro do sistema. Por isso, seus estudos sobre as relações de dependência envolvem tanto a dependência primário-exportadora como a tecnológica.

> A implantação de centros irradiadores de tecnologia moderna nos próprios países subdesenvolvidos constitui, portanto, a nova fase da revolução tecnológica, fase esta que permitirá a retomada do processo de integração à economia mundial, pois abrirá o caminho de acesso desses países ao comércio internacional fundado na especialização tecnológica.[8]

A dinâmica do desenvolvimento econômico no capitalismo é o resultado do crescimento da produtividade física em função da apropriação de novas tecnologias.

---

[8] FURTADO, Celso. *Teoria e política do desenvolvimento econômico*. São Paulo: Companhia Editora Nacional, 1971, p. 302.

> Resulta da ação de agentes que exercem o poder econômico para apropriar-se dos frutos do aumento da produtividade, [aqueles que lideram o processo de inovação e se apropriam do superlucro], e da ação de outros fatores que exigem, em uma fase subsequente, a transferência desses frutos ao conjunto da coletividade.[9]

Desenvolvimento é o resultado dessa dinâmica que, ao elevar e baratear a produção, permite a elevação dos salários reais sem ameaçar o ganho capitalista, a criação de um mercado consumidor e de um setor serviços que se alimenta dessa elevação da renda.

"A fim de defender a taxa de remuneração do capital, a partir de determinado momento em que a taxa de salário alcance certa cota crítica, os empresários se esforçarão em introduzir processos produtivos poupadores de fator trabalho...". Investirão em novas tecnologias de modo a se apropriarem "do incremento de produtividade e, dessa forma, aumentar sua participação na renda. (...) a pressão para elevação das taxas de salários (...) constitui um motor de desenvolvimento"[10] que ao mesmo tempo pressiona a inovação tecnológica e garante a modificação do padrão de consumo pelo barateamento das mercadorias.

Essa dinâmica do desenvolvimento depende do poder dos trabalhadores em relação aos capitalistas. Seu efeito seria proporcional ao poder dos trabalhadores em pressionar por aumento reais de salários. Por isso, Furtado conecta a distribuição de renda à lógica dinâmica do desenvolvimento. "A distribuição funcional da renda – reflexo dos padrões de organização social e da estrutura de poder – condicionam a orientação do progresso tecnológico"[11] para que a elevação dos salários se traduza no deslocamento do padrão de consumo para setores mais sofisticados.

---

[9] FURTADO, Celso. *Teoria e política do desenvolvimento econômico*. São Paulo: Companhia Editora Nacional, 1971, p. 116.

[10] FURTADO, Celso. *Teoria e política do desenvolvimento econômico*. São Paulo: Companhia Editora Nacional, 1971, pp. 122-123.

[11] FURTADO, Celso. *Teoria e política do desenvolvimento econômico*. São Paulo: Companhia Editora Nacional, 1971, p. 119.

CAPÍTULO IV - FURTADO; UM SONHO DESFEITO

"A diversificação da procura, da mesma forma que o aumento da produtividade, constitui o elemento motor do desenvolvimento".[12]

Assim, a dinâmica econômica está fundada no controle das etapas da cadeia de produção em segmentos chaves, com elevado poder de irradiação de produtividade, de elevados salários e com capacidade de criação de um fluxo de emprego, renda e consumo. Esses eixos dinâmicos estão na indústria, portanto advém do processo de industrialização, mas, mais importante, estão no controle da tecnologia que a atividade industrial é capaz de irradiar para a economia.

A impossibilidade de promover o desenvolvimento capitalista está tanto em participar em partes da cadeia de produção de baixo valor agregado como em áreas que não possibilitam o controle sobre ela, pelo não controle sobre seus nódulos que estão fundados na tecnologia. A lógica estudada por Furtado demonstra, já na década de 1960, a dificuldade de promover desenvolvimento a partir da dinâmica dos setores primário-exportadores e, na década de 1970, a impossibilidade do controle tecnológico na indústria instalada no Brasil dominada pelo capital transnacional. Assim, não é apenas uma questão de em que tipo de produto a economia se especializa – como bens primários de baixo valor agregado –, mas também se detém ou não o controle sobre o nódulo responsável pela tecnologia e não o deixa sob o comando do capital transnacional.

Furtado examina a razão de não ser possível a superação do subdesenvolvimento em ambos os casos. De uma parte, enumera os problemas que impedem uma economia primário-exportadora de galgar o desenvolvimento, reproduzindo a pobreza e o atraso. O interessante é que seu foco na época está na análise da economia cafeeira que possui um efeito dinâmico sobre a economia interna que permite um processo de industrialização restringida. Isso ocorre porque a cadeia produtiva do café está toda sob controle de capitais nacionais[13], tanto de sua base

---

[12] FURTADO, Celso. *Teoria e política do desenvolvimento econômico*. São Paulo: Companhia Editora Nacional, 1971, p. 110.

[13] FURTADO, Celso. *Teoria e política do desenvolvimento econômico*. São Paulo: Companhia

tecnológica e de insumos como da produção e da comercialização. O setor foi capaz de criar um mercado interno de "dimensões relativamente grandes, o que abria caminho para investimentos industriais"[14] por substituição de importações que criou renda, emprego na produção, (trabalho na produção de café também é assalariado), na indústria e, como reflexo, fomentou o comércio e os serviços.

Destaque-se, aqui, que o setor primário-exportador cafeeiro detinha o controle da cadeia de produção. Esse fato é que permite a irradiação. No caso do foco atual em soja e minério de ferro, o Brasil não detém o controle do capital nas partes nobres da cadeia no qual está a tecnologia, a produção de insumos e equipamentos, controlados por corporações transnacionais. Também não detém o controle sobre a renda que se origina da comercialização dominada por grandes comercializadores transnacionais. Assim, seu efeito de irradiação sobre o fluxo dinâmico se equipara às economias de "enclave", tratadas por Furtado, especializadas em produção e exportação de minerais brutos como elevada composição do capital, por isso empregando muito pouca força de trabalho, o que hoje também caracteriza a agriculta da soja de exportação.

Assim, os elementos que impediam o desenvolvimento, tratados por Furtado nas décadas de 1960 e 1970, retornam à atualidade na nova estrutura primário-exportadora de forma mais radical, uma vez que os pontos de bloqueio levantados Furtado[15] sobre os setores envolvidos (soja e minério de ferro) se mantém com pequenas modificações:

- Têm baixa elasticidade-renda. Seu consumo não cresce com a elevação da renda (principalmente no caso de alimentos). Assim, a dinâmica de crescimento dos países importadores não se reflete no longo prazo no país exportador. O inverso ocorre

---

Editora Nacional, 1971, p. 184.

[14] FURTADO, Celso. *Teoria e política do desenvolvimento econômico*. São Paulo: Companhia Editora Nacional, 1971, p. 185.

[15] FURTADO, Celso. *Teoria e política do desenvolvimento econômico*. São Paulo: Companhia Editora Nacional, 1971, pp. 207-211.

CAPÍTULO IV - FURTADO; UM SONHO DESFEITO

com os produtos industrializados. Portanto, têm um baixo efeito dinâmico no longo prazo.

- Estão localizados na parte de baixo da cadeia de valor. Adicionam pouco valor relativo no local onde são produzidos. Esse fato se agrava quando sua produção é intensiva em capital porque gera poucos empregos, na maioria de baixa qualidade e remuneração, possuindo, assim, fraco efeito multiplicador sobre a economia como um todo.

- Todo progresso tecnológico recebido resulta em queda nos preços relativos. Como são produtos de exportação, esses efeitos são apropriados pelas comercializadoras e pelos importadores. De outro lado, diminui o valor apropriado por quantidade produzida no local e exige do setor uma elevação da quantidade exportada.

- *Commodities* são facilmente produzidas e substituídas por outros produtos. Assim, estão submetidas a uma concorrência internacional que pressiona os preços dos produtores e os volumes exportados para baixo.

- As tecnologias desenvolvidas pelos importadores fazem com que o volume comprado possa diminuir relativamente. Modificações técnicas economizam matérias-primas.

- A especialização na exportação de produtos com essas características pode, assim, acarretar em crises no balanço de pagamentos sempre que há uma reversão de preços (que não controla) e das quantidades demandadas.

- São setores muito concentrados e centralizados, seja pelo capital nacional ou transnacional. Por isso, a apropriação sobre a renda gerada eleva, de um lado, a concentração de renda nas classes altas que aumentam o consumo de importados e, de outro, permite sua transferência direta para o exterior pelo capital transnacional. Por ambos os motivos, diminui seus efeitos dinâmicos sobre a economia local.

Dessa forma, em uma economia focada na exportação de produtos primários "(...) a expansão do comércio exterior não é causa suficiente para o desenvolvimento".[16] Ao contrário, pode-se afirmar que, como ocorreu no início do século XX, torna-se novamente a causa estrutural do subdesenvolvimento ao retornar a formas de dependência anteriores ao processo de industrialização das décadas de 1950 a 1970.

Em complemento, Furtado também examina as relações de dependência tecnológica que impedem a superação do desenvolvimento. Nos anos 50, o Brasil se industrializou, mas entregou os setores mais dinâmicos, de média e alta tecnologia, ao capital transnacional, abrindo mão do controle sobre o excedente que a tecnologia permite, bem como do processo dinâmico antes descrito.

> O que caracteriza a (...) economia internacional é o controle, por grupos sediados nos subsistemas dominantes, da difusão de novas técnicas de novos produtos e novos processos (...). Pode-se, portanto, afirmar que em economias subdesenvolvidas o desenvolvimento tende a acarretar vínculos internacionais (...) ligados à expansão das atividades de uma empresa que tem seu centro de decisão fora [do país em questão. Esse fato tende a estreitar ou torna muito mais complexas as relações de dependência].[17]

Essa é outra forma de dependência estrutural que o Brasil nunca superou como fizeram Japão, na época de Furtado, e, hoje, é o conhecido caso da China. Significa que sem o controle tecnológico, não é possível ter o domínio sobre o valor criado nas cadeias de produção, tampouco deter o controle sobre sua dinâmica. A dependência de importação de nova tecnologia ou de partes, peças e componentes – que têm como característica elevado valor dada a incorporação de conhecimento tecnológico – gera outras formas de dependência estrutural que estão além daquelas que caracterizavam a economia primário-exportadora.

Esse fato não significa que o país deve internalizar todo o processo de produção, de todas as cadeias, em todos os seus nódulos como fez,

---

[16] FURTADO, Celso. *Teoria e política do desenvolvimento econômico*. São Paulo: Companhia Editora Nacional, 1971, p. 212.

[17] FURTADO, Celso. *Teoria e política do desenvolvimento econômico*. São Paulo: Companhia Editora Nacional, 1971, p. 233.

CAPÍTULO IV - FURTADO; UM SONHO DESFEITO

por exemplo, a China. Essa era a ideia da substituição de importações da década de 1950. Essa foi a característica dos processos de desenvolvimento dos países centrais que serviam de parâmetro tanto para o pensamento sobre desenvolvimento neoclássico, que imaginava o processo de diversificação industrial, como para o resultado natural, bem como dos estruturalistas. Trata-se de uma questão de época e não do eixo central do problema do subdesenvolvimento estrutural. O problema desse subdesenvolvimento está, como Furtado levanta, nas características de uma economia primário-exportadora citadas, bem como no fato de não deter o controle sobre a tecnologia.

Isso significa que o problema central não está na especialização produtiva, mas em que tipo de produto, em que etapa da cadeia de produção está essa especialização. Com o processo de mundialização que espalhou etapas das cadeias de produção em diferentes regiões, de fato, alguns países se especializaram em alguns produtos. A questão que já estava clara nas análises de Furtado é o problema do tipo de especialização. Se especializar em setores que não comandam efeitos dinâmicos internos e externos, que, portanto, não permitem a estruturação de fluxo dinâmicos nem uma integração à economia internacional superior, é colocar-se novamente na posição de dependência estrutural, sem a possibilidade sequer de se apropriar dos frutos da própria riqueza que cria.

Por isso, um país enredado nessa condição subalterna e empobrecedora, necessita, como Furtado propunha, criar condições para ingressar no capitalismo mundial, criar estratégias. "Uma economia que não possui centro dinâmico próprio (...) necessita de uma estratégia de modificação da própria estrutura (...) como condição (...) à formulação de uma política (...) de desenvolvimento".[18] Não existe a possibilidade de desenvolvimento sem "um esforço de construção de estruturas, tanto no sentido de dotar a economia de centros dinâmicos próprios, como de capacitá-la para uma ação mais flexível no mercado internacional".[19]

---

[18] FURTADO, Celso. *Teoria e política do desenvolvimento econômico*. São Paulo: Companhia Editora Nacional, 1971, p. 247.

[19] FURTADO, Celso. *Teoria e política do desenvolvimento econômico*. São Paulo: Companhia Editora Nacional, 1971, p. 253.

Está claro que o problema do subdesenvolvimento é não ter o controle sobre qualquer nódulo estratégico da cadeia de valor que permita a criação do fluxo dinâmico. A questão é o controle sobre os nódulos que dominam a dinâmica do setor que, necessariamente, lhe dê controle sobre a tecnologia (poder de monopólio) para garantir apropriação do valor gerado na cadeia. A produção de soja e a extração de minério não têm esse poder por estarem subordinados aos nódulos tecnológicos sob domínio transnacional na produção de máquinas, equipamentos e insumos, bem como na comercialização dos produtos nos mercados mundiais.

Esse tido de estrutura produtiva subordinada constitui uma economia em enclave social com padrões de consumo nas mãos de uma elite importadora, restrito a altas rendas. Nas palavras de Furtado, "... na economia dependente existirá, sob a forma de enclave social, um grupo culturalmente integrado no subsistema dominante [economia central]".[20] A pobreza e a exclusão são suas características centrais.

Assim, pode-se dizer que já estava desenhado por Furtado o destino de economias como a do Brasil que tomam a opção deliberada, mesmo que sob justificativa de pressão do capital transnacional, de jogar-se nas garras do mercado ao adotar as políticas neoliberais que promovem a desindustrialização do país.

4. CONSIDERAÇÕES FINAIS

A partir da estratégia industrializante entre as décadas de 1950 e 1970, capitaneada pelo Estado, com planejamento, o Brasil chegou a construir uma estrutura industrial importante. Mesmo com os setores de média e alta tecnologia, em bens de consumo duráveis e máquinas e equipamentos principalmente, sob controle do capital transnacional, conseguiu, por meio de políticas estratégicas, alcançar protagonismo em alguns setores com controle sobre seus avanços tecnológico.

---

[20] FURTADO, Celso. *Teoria e política do desenvolvimento econômico*. São Paulo: Companhia Editora Nacional, 1971, p. 229.

CAPÍTULO IV - FURTADO; UM SONHO DESFEITO

A partir das políticas neoliberais deliberadas dos anos 90, foi deflagrado não apenas um processo de desestruturação da estrutura industrial antes criada com breve tentativa de reversão do processo entre 2003-2010. Com as corporações transnacionais liberadas para realizar seu processo de reestruturação global pelas políticas liberalizantes, elas desmantelaram a estrutura produtiva criada, as empresas estatais que estavam nos nódulos centrais de controle dinâmico foram privatizadas, setores de controle de capital nacional foram fechados ou vendidos ao capital estrangeiro, portanto entregues à estratégia mundial dessas empresas. O resultado foi o retorno à condição subalterna primário-exportadora de *commodities*, sem nenhum controle sobre a dinâmica nos setores.

No mesmo processo, foi desmantelada a estrutura institucional Estatal, criada nas décadas de 1930 e 1950, responsável pela estratégia de desenvolvimento que resultou na industrialização do país, não sem problemas. Os economistas neoclássicos, agora denominados neoliberais, rearmaram-se de modelos matemáticos mais metafísicos do que aqueles do tempo de Furtado, porque inacessíveis pela realidade complexa. A burocracia científica superior formada por economistas que Furtado imaginava[21], e que um dia, antes de 1964, esteve no poder, foi dizimada nos processos neoliberais de reforma do Estado. Às classes proprietárias que concentram a renda e controlam o hoje chamado "agronegócio" – e que não passam de fazendeiros – com as quais Furtado se debateu, somaram-se hoje em seus interesses patrimoniais a nova burguesia rentista sem indústria – resultado do processo de desindustrialização – que alimentam a especulação financeira sob o controle dos bancos nacionais, os quais administram esse capital rentista, e que também luta para se apropriar dos parcos recursos do Estado em processo de destruição. Tudo isso sob os olhos do capital transnacional que se apropria do que resta da estrutura econômica que lhe interessa.

Como promover políticas de desenvolvimento nesse cenário? Furtado certamente nunca imaginou que o Brasil chegaria e este ponto em sua estrutura produtiva, política e institucional. Era um otimista. Mas

---

[21] FURTADO, Celso. *Teoria e política do desenvolvimento econômico*. São Paulo: Companhia Editora Nacional, 1971, p. 236.

precisamos de economistas-cientistas como ele que já tinha analisado a situação e dado as saídas mesmo com plena consciência dos problemas de poder, principalmente depois de sua passagem pela Sudene, que o forçou ao exílio. Lá em 1964, o capital já mostrava seus dentes. Agora nos joga numa espécie de barbárie.

REFERÊNCIAS BIBLIOGRÁFICAS

AMSDEN, Alice Hoffenberg. *A ascensão do resto*: os desafios ao ocidente de economias com industrialização tardia. São Paulo: Editora Unesp, 2004.

CHANG, Ha-Joon. *Chutando a escada*: a estratégia do desenvolvimento em perspectiva histórica. Tradução de Luiz Antônio Oliveira de Araújo. São Paulo: Editora Unesp, 2002.

FRANCO, Gustavo Henrique Barroso. "A inserção externa e o desenvolvimento". *Revista de Economia Política,* São Paulo, vol. 18, n. 3, pp. 121-147, jul./set. 1998.

FURTADO, Celso. *Teoria e política do desenvolvimento econômico.* São Paulo: Companhia Editora Nacional, 1971.

MAZZUCATO, Mariana. *O Estado empreendedor*: desmascarando o mito do setor público vs. setor privado. Tradução de Elvira Serapicos. São Paulo: Portfólio, 2014.

REINERT, Erik S. *Como os países ricos ficaram ricos... e por que os pobres continuam pobres.* Rio de Janeiro: Contraponto; Centro Internacional Celso Furtado de Políticas para o Desenvolvimento, 2008.

Capítulo V

O PENSAMENTO E MÉTODO DE FURTADO: LIÇÕES PARA A ECONOMIA BRASILEIRA CONTEMPORÂNEA

André Paiva Ramos
Antonio Corrêa de Lacerda
Francyelle do Nascimento Santos
David Deccache

1. INTRODUÇÃO

Há mais de três décadas o discurso neoliberal tem contribuído para marginalizar o debate estrutural sobre o desenvolvimento no Brasil. Porém, ao menos desde 2015, essa agenda ganhou contornos ainda mais preocupantes, assentando um conjunto de políticas econômicas que estão promovendo uma espécie de cirurgia social radical, desarticulando não só os nossos ainda frágeis mecanismos destinados à construção de um Estado de bem-estar social, como, também, eliminando os poucos instrumentos e instituições que temos à disposição para permitir a intervenção do Estado como empreendedor e estabilizador dos ciclos econômicos.

No lugar do debate sobre a construção e o aperfeiçoamento de um projeto nacional visando o planejamento social de longo prazo, está colocada uma perspectiva centrada, única e exclusivamente, na eliminação dos obstáculos ao livre funcionamento do mercado, tratando-se, portanto, da busca pela mercantilização generalizada de todas as esferas da vida. Tal cenário se torna ainda mais crítico dado o atual contexto da pandemia de Covid-19 que levou a uma grande crise sanitária, econômica e humanitária com consequências estruturais ainda não mensuradas, mas que, certamente, serão extremamente profundas, principalmente para países periféricos como o Brasil.

Nesse contexto, fica colocada a urgência da retomada de abordagens críticas que nos ajudem a compreender o papel do Estado no processo de estabilização social e econômica, desenvolvimento e progresso técnico, bem como das especificidades e dilemas das economias periféricas. Dito isso, é inevitável não mencionarmos a centralidade do pensamento de Celso Furtado para vislumbrarmos os caminhos da superação deste triste contexto de atrofia intelectual, teórica e política que domina o país em um momento tão sensível.

Diante de conjuntura tão desafiadora, o objetivo deste capítulo é retomar, à luz do contexto brasileiro, os elementos centrais do método e da teoria de Furtado em dois eixos: (i) o pensamento e método com que ele concebia a análise econômica; e (ii) uma breve revisão da estrutura teórica de Furtado sobre as possibilidades e limites para a endogeneização de um círculo virtuoso de desenvolvimento para a superação das nossas inúmeras – e cada vez maiores – carências históricas.

É fundamental destacar que Furtado não nos instrumentalizou apenas do ponto de vista teórico, mas, antes de tudo, nos deu a chave metodológica para vislumbrarmos, com criatividade e rigor, o caminho para a elaboração e o aprimoramento de teorias econômicas que sejam compatíveis com as especificidades históricas e estruturais que formataram a nossa formação como nação.

Furtado era um homem comprometido com a mudança social e com o desenvolvimento pleno da nação. Assim, ele teorizou e atuou para mudar qualitativamente a realidade. No atual momento adverso do Brasil, agravado pela pandemia de Covid-19 e seus respectivos desdobramentos negativos, que coincidiu com o ano do centenário de Celso Furtado,

CAPÍTULO V - O PENSAMENTO E MÉTODO DE FURTADO: LIÇÕES...

torna-se imprescindível retomar o seu exemplo e os seus ensinamentos para mudarmos radicalmente as bases do desenvolvimento econômico e social que estão vigentes.

A partir do pensamento de Furtado, este capítulo apresenta a urgência da superação da agenda neoliberal. Ademais, defende a necessidade de implementação de um conjunto de medidas econômicas para o enfrentamento da atual crise e, assim, para fomentar um desenvolvimento econômico, social e regional com responsabilidade ambiental, visando, sobretudo, a redução de desigualdade e a melhoria da qualidade de vida do conjunto da sociedade e da estrutura produtiva do país. Além desta introdução e das considerações finais, o capítulo está dividido em mais três seções que abordam o pensamento de Furtado, o avanço das políticas de austeridade no Brasil, a crise oriunda da Covid-19 e as perspectivas.

2. ASPECTOS SOBRE O PENSAMENTO E O MÉTODO DE FURTADO

O método que estrutura o pensamento de Furtado deve ser compreendido à luz da sua trajetória intelectual. Furtado foi, desde muito novo, um autodidata que acumulou bagagem mediante leitura extensa e diversa. Dada sua característica, foi além do pensamento tradicional aliando sua experiência com a formação acadêmica, o que lhe permitiu combinar, de forma criativa, influências intelectuais diversas e plurais, como o positivismo, o marxismo e a antropologia herdada de autores como Gilberto Freyre. Dentre os economistas, Furtado foi fortemente influenciado tanto pelos da Escola Política Clássica quanto por autores como Keynes, Prebisch, Myrdal e Schumpeter, dentre outros.

As influências intelectuais citadas compõem o método no qual Furtado irá assentar a sua perspectiva teórica: a junção do embasamento histórico com o abstrato. Dessa forma, como nos ensina Furtado ao longo de sua vasta obra, o pensamento econômico não pode deixar de levar em conta o caráter duplo do seu método, impondo aos economistas a necessidade do confrontamento dos modelos abstratos com a história e as especificidades da realidade concreta em termos sociais, regionais e temporais. Esse foi o norte da ampla obra de Furtado: a subordinação dos princípios gerais às realidades econômicas que são, por definição, dotadas de historicidade.

Já do ponto de vista da teoria econômica, Furtado parte das concepções estruturalistas da Comissão Econômica para a América Latina (Cepal), cuja maior influência foi o economista argentino Raúl Prebisch. A análise cepalina tinha como eixo central a negação das abordagens derivadas das vantagens comparativas ricardianas, que preconizavam que a divisão internacional do trabalho levaria, automaticamente, à convergência entre os países pobres e ricos.

Os trabalhos da Cepal demonstraram o oposto: a tendência, ao invés de convergência, seria de deterioração dos termos de troca entre os produtos primários produzidos pelos países periféricos para exportação e as manufaturas produzidas pelos países centrais e importadas pela periferia. Dessa forma, o crescimento dos países centrais, além de não levar ao desenvolvimento automático da periferia, ainda tenderia a ampliar suas desigualdades.

A esse arcabouço mais geral do estruturalismo, Furtado incorpora a análise histórica e cultural para compreender as relações de subordinação entre o centro e a periferia. Inaugura, dessa forma, uma metodologia própria, que irá desembocar em uma sólida teoria sobre a problemática do subdesenvolvimento.

Em 1958, Furtado escreveu o seu grande clássico *Formação econômica do Brasil*. Publicada um ano depois, a obra é um exemplo bem acabado da análise metodológica e teórica do pensamento furtadiano. O autor expõe a aplicação de abstrações racionais à realidade econômica para decifrar o processo histórico da economia brasileira, fornecendo-nos a chave não só para a compreensão das causas do subdesenvolvimento, mas também os caminhos para a sua superação.

Sinteticamente, o modelo teórico para a superação do subdesenvolvimento que podemos extrair da *Formação econômica do Brasil* pode ser descrito em quatro pilares que guardam forte relação cumulativa entre si: impulso externo; distribuição de renda; equilíbrio no balanço de pagamentos e vontade e conhecimento técnico para a promoção das inovações.

CAPÍTULO V - O PENSAMENTO E MÉTODO DE FURTADO: LIÇÕES...

Na primeira etapa, o crescimento econômico de países subdesenvolvidos depende do volume anual de gastos autônomos, principalmente exportações. O primeiro impulso pode criar condições para um crescimento econômico autossustentado, com base no dinamismo de mercado interno: a renda gerada poderá estimular a demanda por bens de consumo e a consequente indução da expansão da oferta nacional dos produtos demandados.

Contudo, o impulso autossustentado dependerá principalmente da distribuição de renda no interior da economia. Se toda receita líquida das exportações for concentrada nas mãos de poucos que gastam praticamente tudo com produtos importados, incluindo artigos de luxos e viagens, não haverá estímulo pelo lado da demanda à diversificação da produção interna e o processo será abortado. Dessa forma, o efeito dinâmico das exportações será maior quanto menos desigual for a distribuição de renda e vice-versa.

O caso do ciclo do açúcar, conforme abordado por Furtado em *Formação econômica do Brasil* (1959), é um exemplo de impulso externo abortado pela ausência de um mercado interno – o que, obviamente, implicava na quase total ausência de distribuição de renda, dada a predominância do trabalho escravo. Sucintamente, o fluxo líquido de renda gerado pelas exportações de açúcar acabava sendo inteiramente apropriado pelos senhores de engenho, cujos gastos de consumo se destinavam, quase que exclusivamente, à compra de produtos importados. Além disso, os investimentos e demais reversões eram também realizadas por importações, desde as máquinas para a produção de açúcar até a compra de escravos. Já as demais necessidades, que não eram atendidas pelas exportações, como alimentação básica e os serviços gerais, eram providos na maior parte pela mão de obra escrava, sem que se tenha criado um mercado para isso capaz de gerar fluxos monetários internos.

Entretanto, mesmo com um grande volume de exportações e uma distribuição de renda favorável, o processo de crescimento autônomo não está garantido. Alguns outros fatores podem impedir o processo. Dentre eles, um dos principais entraves são as crises no balanço de pagamento, que podem interromper o círculo virtuoso. Se houver pressões demasiadas de importações, por exemplo, gerada pelo consumo conspícuo da classe dominante e da carência de sofisticação e de capacidade produtiva interna, os momentos de reversão dos preços dos bens primários acabam gerando profundas crises no balanço de pagamentos.

Além disso, deve haver um espírito industrial com viés de inovação: não é porque uma oportunidade de lucro existe que ela será reconhecida e instrumentalizada. Assim, para se alcançar a sofisticação da estrutura produtiva não basta vontade, mas deve haver também acúmulo de conhecimento tecnológico para a sua concretização. Por fim, a importância do Estado e da forma da sua atuação é fundamental na articulação desses pilares.

Sobre a ausência de capacidade inovadora como entrave à endogeneização do desenvolvimento, o argumento pode ser extraído da exposição de Furtado sobre os limites para a sofisticação estrutural encontrados pela economia de mineração. No ciclo da mineração, tivemos uma elevação considerável do produto *per capita* dada pelo impulso externo ao passo que encontramos uma distribuição de renda muito melhor do que a observada no ciclo do açúcar. Com isso, havia pressões de demanda, formatada pela formação de um mercado interno e pelo processo embrionário de urbanização, prontas para serem atendidas pelo lado da oferta. Entretanto, apesar dessas condições de demanda – necessárias e insuficientes – serem satisfeitas, não se desenvolveu no país uma estrutura produtiva diversificada que nos levasse ao crescimento endógeno, autossustentado. Furtado explica o aparente paradoxo argumentando que não havia conhecimento tecnológico no Brasil colonial que possibilitasse o atendimento da demanda, daí o não surgimento de novos setores produtivos.

O diagnóstico geral que podemos extrair dos entraves estruturais que marcaram a nossa formação econômica é que a economia brasileira, centrada desde o período colonial em atividades produtivas primárias voltadas ao comércio externo, não tivera acesso, por diferentes razões (má distribuição de renda, falta de capacidade inovadora e crises de balanço de pagamentos) a ganhos de produtividade associados à industrialização que pudessem deslanchar um processo de desenvolvimento endógeno.

CAPÍTULO V - O PENSAMENTO E MÉTODO DE FURTADO: LIÇÕES...

Furtado associava esse processo de desenvolvimento endógeno, principalmente, à indústria, vista por ele como um grande motor de inovações técnicas capaz de incrementar a produtividade, o crescimento do produto *per capita* e, portanto, sendo a chave da internalização do centro de decisão econômica.

Além disso, quando o processo de industrialização se inicia, ele se dá de forma atrasada em praticamente um século em relação a países como os Estados Unidos. Isso fez o Brasil perder os benefícios do salto de produtividade originado na Revolução Industrial do século XVIII. Foi apenas no início do século XX, a partir da transição do ciclo do café que se abriu espaço para a industrialização tardia, abortada, precocemente, na última década do século passado.

Com isso, Furtado nos deixa importantes aprendizados. Dentre eles, ressaltam-se dois: o primeiro, de caráter metodológico, demonstra a importância de uma rigorosa leitura histórica para assentar os modelos econômicos abstratos, ou seja, tem-se o dever moral de evitar "experiências ao vivo" com seres humanos, já que a sociedade não é um laboratório. O segundo, de caráter teórico-programático, aponta a importância da redistribuição de renda e a concentração de esforços na sofisticação da estrutura produtiva para que sejam mitigadas as chances de os círculos virtuosos serem interrompidos por crises.

Os economistas convencionais, mesmo em um momento de crise econômica profunda, têm seguido um caminho oposto a essas duas lições: do lado metodológico, descartam as lições históricas e adotam pressupostos teóricos abstratos, desconsiderando, muitas das vezes, que esses modelos já se demonstraram fracassados e socialmente perversos no passado.

Já do ponto de vista de estratégias de desenvolvimento, os economistas liberais propõem políticas tributárias que concentram renda e modelos fiscais, monetários e cambiais que induzem a uma forte regressão da estrutura produtiva e um significativo aumento da vulnerabilidade social. Trata-se de um pensamento contraproducente do ponto de vista intelectual, moral e social que devemos nos contrapor, apresentando alternativas para um desenvolvimento inclusivo para o conjunto da sociedade.

ANTONIO CORRÊA DE LACERDA (ORGANIZADOR)

3. O AVANÇO DA AGENDA DE AUSTERIDADE NO BRASIL E SEUS IMPACTOS

3.1 O AVANÇO DA AGENDA DE AUSTERIDADE

A partir dos anos 70, o pensamento neoliberal tornou-se a receita de política econômica em diversos países do globo e, principalmente, nos anos 90, firmou-se como dominante. Porém, o conjunto de medidas baseado no neoliberalismo tem resultado em crises cada vez mais profundas, vide a grande crise do *subprime* em 2008-2009 e as crises da Europa em 2011-2012, da Grécia 2014-2015, bem como da Argentina e do Brasil a partir de 2015.

Mais recentemente, pós-2016, a política econômica brasileira tem sido fortemente influenciada pelo pensamento neoliberal, que parte da ideia de que o Estado é ineficiente e que os mercados são eficientes e se autorregulam, de modo que deveria haver a menor interferência e maior liberdade possível. Assim, esse pensamento defende que o Estado deve reduzir cada vez mais o seu tamanho e a sua atuação.

Essa perspectiva a respeito da atuação do Estado neoliberal, com foco na austeridade fiscal, afasta o país da concepção de desenvolvimento econômico de Furtado. Ele considerava de grande relevância a atuação do Estado para criar condições para o desenvolvimento da estrutura produtiva doméstica, sendo a indústria fundamental no processo de desenvolvimento endógeno, bem como um grande motor capaz de gerar desenvolvimento econômico e não apenas crescimento.

Para Furtado, apesar de o crescimento econômico ser condição indispensável, não é suficiente para atingir o desenvolvimento. Por isso, Furtado acrescenta que: "para compreender o desenvolvimento econômico é necessário conhecer, por conseguinte, tanto o processo de aumento da produtividade como o comportamento dos agentes que utilizam a renda, em face da expansão desta".[1] Em razão disso, Furtado afirma que se o fluxo de renda for concentrado nas mãos de uma

---

[1] FURTADO, Celso. *Teoria e política do desenvolvimento econômico*. São Paulo: Paz e Terra, 2000, p. 123.

CAPÍTULO V - O PENSAMENTO E MÉTODO DE FURTADO: LIÇÕES...

minoria social, não será intensificado o processo de desenvolvimento, confirmando sua avaliação sobre a relevância da distribuição da renda.

Destarte, as medidas de austeridade, focadas nos cortes de gastos, de recursos para áreas sociais e de investimentos dos governos e no aumento de privatizações, têm sido propagadas e impostas como o único receituário aos países, especialmente em situação de crises e de dificuldades econômicas. Além disso, essa ideologia defende a desregulamentação ampla, como, por exemplo, do mercado de trabalho e das legislações ambientais, o que representa o afastamento da concepção de desenvolvimento furtadiana.

Desta forma, os autores ortodoxos atuais partem de princípios econômicos, amparados por modelos abstratos, e defendem medidas como se houvesse apenas um único receituário econômico, focado exclusivamente na austeridade fiscal. Dentre outros, não levam em consideração aspectos históricos, políticos, geográficos, culturais, sociais, regionais, estrutura produtiva e desigualdade de renda. Desta forma, essa linha de pensamento é o oposto do método furtadiano.

Ao igualar comportamento de agentes econômicos e de diferentes economias, e ao considerar variáveis significativas como *ceteris paribus*, parte-se para uma análise econômica voltada para modelos irreais e falhos, que seguem interesses e discursos muito específicos para benefício de uma parcela muito pequena da população.[2] Esse pensamento econômico tem demonstrado ser cada vez mais excludente, concentrador de poder e de riqueza e gerador de desigualdades, de pobreza e de vulnerabilidade social para grande parcela da população mundial.

No Brasil, esse pensamento ganhou muita força a partir da década de 1990, especialmente com uma política fiscal focada em cortar recursos para diversas áreas, privatizar empresas estatais estratégicas, adotar política monetária com juros extremamente elevados, manter a moeda doméstica

---

[2] PAULA, João Antonio de *et al.* "Conhecimento e interesse em economia". *Estudos Econômicos*, São Paulo, vol. 33, n. 3, pp. 559-595, jul./set. 2003. Disponível em: https://www.scielo.br/pdf/ee/v33n3/v33n3a06.pdf. Acesso em: [inserir data]. https://doi.org/10.1590/S0101-41612003000300006.

muito valorizada e defender uma ampla abertura comercial. Com isso, principalmente após a adoção do Plano Real e, posteriormente, com a adoção do tripé macroeconômico[3], manteve-se um conjunto de políticas econômicas que prejudicou significativamente o investimento, a produção, a geração de empregos e de renda domésticos, bem como privilegiou as importações e o rentismo.

Ao longo dos anos, o processo de desindustrialização e de reprimarização da estrutura produtiva brasileira, com um significativo crescimento e participação do complexo agromineral, foi se acentuando. Adicionalmente, aspectos de infraestrutura e de competitividade sistêmica (fatores macro, meso e microeconômicos) da economia brasileira foram extrema e negativamente afetados.

O objetivo de atingir o superávit primário foi sobreposto ao bem-estar social, restringindo a capacidade do Estado fazer políticas sociais e investimento público e de criar condições adequadas ao desenvolvimento do setor produtivo e aos investimentos privados. A ortodoxia econômica considera como objetivos prioritários manter um elevado superávit primário e uma inflação controlada de acordo com a meta. Para isso, a política monetária e a cambial focaram sobremaneira o combate à inflação e a política fiscal, o corte de gastos e de investimentos públicos.

Como consequência, nas últimas décadas verificou-se uma taxa básica de juros significativamente elevadas, sendo uma das mais altas do mundo, resultando em: 1) aumento do custo de oportunidade dos investimentos produtivos e de ampliação da produção, devido às aplicações em ativos financeiros de curto prazo que garantem elevada rentabilidade e liquidez e baixo risco; 2) péssimas condições de oferta de crédito às empresas e ao consumidor final. O crédito manteve-se muito caro e restrito, além de falta de linhas de crédito de prazos mais alongados, exceto as do Banco Nacional de Desenvolvimento Econômico e Social (BNDES); 3) atrofia do potencial crescimento do mercado consumidor e

---

[3] Devido à crise cambial no final do primeiro governo Fernando Henrique Cardoso, foi implementado, em 1999, o tripé macroeconômico, cujos pilares são superávit primário, regime de metas de inflação e câmbio flutuante, o qual vigora até o período atual.

CAPÍTULO V - O PENSAMENTO E MÉTODO DE FURTADO: LIÇÕES...

aumento do endividamento das empresas e famílias; 4) atração de vultosos recursos externos para aplicações em ativos financeiros, pressionando por uma valorização cambial; e 5) aumento do custo de financiamento da dívida pública, devido aos elevados juros pagos aos credores.

A elevada taxa básica de juros, além de ser um dos fatores que impulsionou o processo de desindustrialização, resultou em um mecanismo de transferência de riquezas da sociedade para os credores da dívida, nacionais e internacionais. Esse mecanismo, inserido no contexto atual de financeirização da economia e de cadeias globais de valor, é intrínseco à dinâmica da economia brasileira e à definição das medidas adotadas ao longo das últimas décadas. Diante dessa situação, em contextos de piora do crescimento econômico e, consequentemente, da arrecadação, houve, ao longo das últimas décadas, uma maior pressão de setores da sociedade para a implementação de uma agenda de austeridade fiscal.

Apesar do bom desempenho herdado do governo Lula, o primeiro governo Dilma Rousseff (2011 a 2014) registrou uma significativa desaceleração do crescimento econômico, fracassando em sua tentativa de alterar a orientação da política econômica doméstica. Desta forma, com o acirramento político e com uma reeleição apertada em 2014, a presidenta Dilma cedeu às pressões, especialmente as do mercado financeiro e da mídia nacional e internacional, decidindo adotar o receituário de austeridade fiscal, mudando radicalmente a diretriz da política econômica que estava sendo adotada.

No período 2003-2010, mesmo que com alguns limites, o governo assumiu a responsabilidade de induzir diretamente o crescimento por meio da expansão do mercado doméstico, ampliação do crédito, redução da extrema pobreza, geração de empregos formais, aumento real do salário mínimo e promoção dos investimentos públicos. No entanto, tais medidas não foram suficientes para melhorar os aspectos de competitividade sistêmica e reverter o processo de desindustrialização, pois o crescimento do consumo no mercado interno não foi suprido, em grande parte, por um aumento da produção doméstica e, sim, por importações.

O primeiro governo Dilma decidiu mudar essa orientação vigente no governo anterior, mesmo diante de bom desempenho diante da crise do *subprime* 2008-2009 e de um crescimento de 7,5% em 2010. Assim, o governo Dilma buscou prover incentivos macroeconômicos para o setor privado liderar um crescimento dos investimentos em detrimento da intervenção estatal direta, o que se pode constatar pela taxa média anual de investimento da administração pública, que registrou decréscimo no período.[4] No fim das contas, esses incentivos tiveram impactos negativos nas contas públicas e pouco efeito positivo sobre a demanda agregada, servindo, principalmente, para aumentar as margens de lucro em alguns setores. Mesmo assim, o mercado de trabalho permaneceu aquecido, chegando em dezembro de 2013 a menor taxa de desemprego (6,2%) da série histórica disponível.

No início de 2015, o governo Dilma adotou uma política de austeridade econômica aos moldes neoliberais, com um amplo programa de cortes e contenções de recursos para várias áreas e para investimentos. O Ministro da Fazenda e os economistas neoliberais, especialmente os vinculados ao mercado financeiro, defenderam publicamente que, com o "ajuste fiscal", a confiança dos agentes econômicos rapidamente seria restabelecida, os investimentos retornariam e a economia, após uma pequena queda do nível de atividades, retomaria a uma trajetória de crescimento robusto nos anos seguintes. No entanto, ao contrário do que anunciava o ministro e seus apoiadores, a aposta na "fada da confiança" e na política de austeridade resultou em um aprofundamento da crise nos anos de 2015 e 2016, quando, no acumulado, a economia se retraiu 7% e as contas públicas se deterioraram.

Além de ter sido útil para alterar a correlação de forças *capital x trabalho* e reduzir o espaço fiscal dos recursos sociais e investimentos públicos, o diagnóstico do descontrole fiscal também cumpriu, no caso específico do Brasil, uma função reacionária de caráter político e jurídico extremamente relevante para o aprofundamento da agenda de "austeridade": em 2016, o diagnóstico do descontrole fiscal e a criminalização das

---

[4] Sobre o primeiro governo Dilma, ver Singer (2015), e Serrano e Summa (2015).

CAPÍTULO V - O PENSAMENTO E MÉTODO DE FURTADO: LIÇÕES...

políticas anticíclicas foram centrais para a sustentação jurídica do *impeachment* de Dilma Rousseff, reconhecido amplamente como um golpe.

Poucos meses após o golpe de Estado que destituiu a ex-presidente Dilma Rousseff, o governo não eleito de Michel Temer alterou a constituição brasileira para impor um aprofundamento da austeridade fiscal como política de Estado a partir da Emenda Constitucional (EC) 95.[5] Aprovada em 2016, esta medida de teto de gastos estabelece que as despesas primárias do governo sejam corrigidas, anualmente, de acordo com a inflação dos últimos 12 meses, ao longo de 20 anos. Dessa forma, mesmo havendo crescimento econômico e populacional, os gastos públicos permanecerão estáticos em termos reais. Isso quer dizer que haverá redução, ano a ano, do orçamento público em proporção ao PIB, queda essa que será potencializada pelo crescimento demográfico. É pior do que congelamento: trata-se de um amplo projeto de redução do tamanho do Estado de bem-estar social e da constitucionalização da ideologia neoliberal de mercantilização de todas as esferas da vida. Ressalte-se que, em 2020, os impactos negativos no orçamento público já estão sendo verificados em várias áreas, como, por exemplo, saúde, educação e investimentos.

Outro pilar da agenda neoliberal imposto ao conjunto da sociedade brasileira foi a reforma trabalhista aprovada em 2017, flexibilizando as relações de trabalho, ampliando a possibilidade de acordos coletivos entre empregado e empregador e tornando possíveis alterações nas férias e o trabalho intermitente. Essas medidas foram apresentadas amplamente pelos neoliberais como a esperança para geração de novos empregos e a retomada da economia. Entretanto, os resultados foram outros, já que o país segue com alta taxa de desemprego, ampliação do número de empregos informais e queda e instabilidade na renda das famílias.

A situação tornou-se ainda mais crítica com a eleição de Jair Bolsonaro para o mandato de presidente com início em 2019. A sua equipe econômica ultraliberal, liderada pelo Ministro da Economia Paulo Guedes, ampliou ainda mais a defesa da agenda reformista, com um

---

[5] Sobre a EC 95, ver Ramos e Lacerda (2019).

aprofundamento das políticas de austeridade, visando a uma significativa redução do tamanho do Estado e das suas atuações no fornecimento de bens e serviços à população. Assim, além da reforma da previdência, a agenda do governo previa ampla desregulamentação, privatização de todas as estatais, incluindo dos bancos públicos, uma grande abertura comercial, uma reforma administrativa e uma reforma tributária.

No segundo semestre de 2019, o Congresso Nacional aprovou uma ampla reforma da previdência com profundas alterações nos parâmetros de concessão e de valor dos benefícios, aumentando a contribuição e o tempo para aposentadoria, dificultando o acesso e reduzindo consideravelmente o valor dos benefícios.[6] Ademais, o poder executivo promoveu contingenciamentos extremamente punitivos em áreas estratégicas como educação, seguridade social, saneamento básico, dentre outras.

Já a pauta ambiental está sendo duplamente atacada. De um lado, há um grande processo de destruição da legislação de proteção ambiental e, de outro lado, cortes orçamentários profundos em áreas que visam à proteção, fiscalização e preservação da rica biodiversidade brasileira. Desde 2015, há uma queda progressiva e violenta nos recursos destinados ao meio ambiente.

3.2 IMPACTOS ECONÔMICOS E SOCIAIS

Nas últimas três décadas, o arcabouço macroeconômico gerou impactos extremamente negativos para o desenvolvimento econômico e social, ampliando as desigualdades econômica, social e regional e a desindustrialização precoce do país. Elos da cadeia produtiva foram se perdendo de forma célere, indústrias foram falindo ou se tornaram grandes importadoras, bem como a precarização das relações de trabalho e as mudanças estruturais nesse mercado, especialmente devido ao avanço tecnológico, foram crescendo significativamente. Ressalte-se que no governo Lula o conjunto de medidas econômicas adotado teve impacto positivo na geração expressiva de empregos formais e na redução da

---

[6] Sobre a reforma da previdência, ver Dieese (2019).

CAPÍTULO V - O PENSAMENTO E MÉTODO DE FURTADO: LIÇÕES...

pobreza, entretanto não foram suficientes para mitigar os efeitos deletérios da política econômica austera.

O Brasil vive um grave processo de desindustrialização, com todas as suas consequências. A participação da indústria de transformação no PIB tem se reduzido fortemente, de 27% na segunda metade da década de 1980 para cerca de 10% em 2020. Por outro lado, o déficit da balança comercial de produtos manufaturados manteve-se elevado e o coeficiente de importação cresceu. Adicionalmente, o setor de serviços passou a representar cerca de 70% do PIB.

A concentração de renda e de mercado foram ampliadas nos diversos segmentos, e as instituições financeiras passaram a registrar aumentos em seus vultosos lucros ano após ano. Desta forma, ao longo dos anos, com o processo de desindustrialização, houve uma ampliação expressiva da dependência de produtos importados de todas as intensidades tecnológicas, sobretudo de alta e de média–alta tecnologia. Ademais, houve uma aceleração da tendência de reprimarização produtiva da economia e uma maior dependência da exportação de produtos básicos na balança comercial.

Além disso, ainda em termos estruturais, o Brasil tem aprofundado, sobretudo desde 2015, a desigualdade, entre regiões, de renda, de oportunidade, de gênero, de raça/cor, de acesso a serviços básicos como saúde, saneamento e educação, dentre outros. Uma grande parcela da população convive com a extrema pobreza, com a falta de emprego, de trabalho e de oportunidades, com a precarização da mão de obra, com a fome e com a falta de moradia.

A adoção das medidas de austeridade após 2015 impulsionou uma deterioração do mercado de trabalho. A taxa de desocupação em relação à População Economicamente Ativa (PEA) registrou um relevante aumento de 6,5% em dezembro de 2014 para 13,7% no primeiro trimestre de 2017 e permaneceu acima de 11% até o início de 2020. Os trabalhadores informais superaram 40% e os subutilizados, que inclui os desocupados e os desalentados, chegaram a 27 milhões de trabalhadores. A precarização do mercado de trabalho resultou em aumento da instabilidade e queda dos salários e dos rendimentos das famílias.

Essa piora do mercado de trabalho impulsionou o quadro estrutural de elevada desigualdade. Segundo a Pesquisa Nacional por Amostra de Domicílios Contínua (PNAC) de 2018, o 1% da população com rendimentos mais elevados (rendimento médio mensal de R$ 27.744) recebiam, em média, 33,8 vezes o rendimento da população de menor renda (rendimento médio de R$ 820), que responde por 50% da população total. Desta forma, de acordo com as estimativas do IBGE, a média de rendimento mensal de metade da população é de R$ 820, inferior a um salário mínimo por mês. Já 10% da população brasileira concentra 43,1% da massa de rendimentos do país. Ademais, o número de bilionários e suas fortunas tem crescido significativamente.

Com tanto desemprego e precarização do trabalho, a miséria e a fome voltaram a assolar o país. Com relação à extrema pobreza, ela cresceu no país em 2019, atingindo 13,5 milhões de pessoas. Como consequência da deterioração do quadro socioeconômico, segundo a Organização das Nações Unidas para Alimentação e Agricultura (FAO) a insegurança alimentar atingiu 43,1 milhões de brasileiros entre 2017 e 2019, com tendência de aumento. Já as estimativas do IBGE, entre 2017-2018, 10,3 milhões de pessoas viviam em situação de insegurança alimentar grave e 13,1 milhões de crianças menores de cinco anos moravam em lares com algum grau de insegurança alimentar. Portanto, os dados do IBGE indicam que em 2018 o Brasil voltou ao Mapa da Fome.

As contenções de gastos e o agravamento da pobreza resultou, no início de 2020, em uma fila de 1,5 milhão de famílias para receber o Bolsa Família e de 2 milhões de pessoas para o Instituto Nacional do Seguro Social (INSS). Além da crueldade sob o ponto de vista social que isso representa, ao desproteger os brasileiros mais vulneráveis durante um período de crise econômica, tal medida torna a recuperação da economia ainda mais lenta, uma vez que, com base na propensão marginal a consumir, menos renda nas mãos dos mais pobres significa menos consumo em geral.

O potencial crescimento do mercado consumidor brasileiro também é afetado negativamente pela estrutura tributária brasileira muito regressiva. A carga tributária incide muito sobre consumo e produção e pouco sobre renda e patrimônio. Desta forma, a parcela da população de menor renda é muito onerada pelos impostos indiretos pois destinam praticamente toda sua renda em aquisições de bens e serviços.

A aposta nas políticas de austeridade, não só pioraram o mercado de trabalho, mas também o nível de atividades e as contas públicas. De 2014 a 2019, o resultado primário foi deficitário, principalmente devido à queda de arrecadação. Nesse mesmo período, a dívida bruta em relação ao PIB passou de cerca de 52% para próximo de 80%. Após a forte retração de 2015-2016, o PIB registrou uma fraca recuperação, em torno de 1% ao ano de 2017 até 2019.

O conjunto de medidas econômicas adotado desde 2015 não têm conseguido recuperar o desenvolvimento e o crescimento econômico. Como consequência, há um aumento do desemprego e da vulnerabilidade econômica e social. Desta forma, o receituário econômico baseado na austeridade não tem sido capaz de melhorar a economia brasileira e tem deteriorado significativamente as condições econômicas e sociais, conduzindo estruturalmente a uma exclusão social crescente que conduz grande parte da população para a miséria. Enquanto isso, uma pequena parcela da população, menor que 1% do total, acumula cada vez mais fortuna e poder.

O desempenho estrutural da economia brasileira e as medidas econômicas que estão sendo adotadas confirmam que o país está se afastando do perspectiva de superação do subdesenvolvimento apresentada por Furtado. A regressão da estrutura produtiva, a ausência de investimentos em inovação e tecnologia, maior dependência de importação de partes, peças, componentes e produtos finais e o aumento da desigualdade de renda e da vulnerabilidade socioeconômica são aspectos centrais que resultam em uma maior fragilização da economia, menor capacidade de enfrentamento de crises e piora nas condições de vida do conjunto da sociedade.

4. PANDEMIA E A URGÊNCIA DE UM PROJETO DE DESENVOLVIMENTO

O mundo está enfrentando em 2020 uma das mais graves crises da história devido à pandemia do Coronavírus (Covid-19). As características dessa crise são extremamente diferentes das demais crises já defrontadas. As medidas de isolamento social foram emergenciais e prioritárias para conter o avanço da pandemia e para salvar vidas, visando mitigar o número de infectados e de óbitos. Houve uma expressiva queda da demanda e na oferta global e, consequentemente, uma interrupção de cadeias produtivas e uma forte retração da economia em grande parte dos países.

A atual crise confirma a importância da atuação do Estado que deve ocorrer de modo célere, contundente e eficaz para atenuar a abrangência e para mitigar a gravidade dos impactos negativos para a saúde pública, para a proteção social e para a economia. Portanto, a forma dessa atuação tem sido determinante para definir qual o tamanho da retração econômica, da deterioração no mercado de trabalho e do aumento da vulnerabilidade social. Também é importante que essas medidas vigorem para além do período de isolamento social, pois, ao que tudo indica, a crise econômica e social será longa e profunda.

Como já apontado, o Brasil, desde 2015, vinha registrando uma piora significativa em termos sociais, e as empresas estavam fragilizadas e tentando se recuperar. Nesse período, houve uma forte deterioração do mercado de trabalho, com aumento da informalidade. Desta forma, uma grande parte dos trabalhadores ficaram excluídos dos mecanismos de proteção social, reduzindo o impacto dos estabilizadores automáticos, como o seguro-desemprego. Isso confirma que as reformas neoliberais, além de não resolverem a grave crise, tendem a aprofundá-la, aumentando a vulnerabilidade social e regional no país.

Devido à necessidade de isolamento social para combater a pandemia, a paralisação das atividades de muitas empresas e a elevada informalidade resultam em uma abrupta queda na demanda agregada e uma forte deterioração das expectativas. Consequentemente, as receitas de grande parte das empresas do setor real da economia e dos trabalhadores informais caíram expressivamente. Com famílias e empresas em uma crise que se retroalimenta, houve um rápido aumento na inadimplência e na preferência pela liquidez dos agentes econômicos.

Além disso, os resultados negativos do processo de desindustrialização e de dependência da importação de produtos industrializados

CAPÍTULO V - O PENSAMENTO E MÉTODO DE FURTADO: LIÇÕES...

ficaram evidentes durante a pandemia. Apesar da elevada ociosidade no setor industrial brasileiro, houve a necessidade de uma reconversão produtiva para a ampliação da oferta de equipamentos médicos e dos itens de proteção individual da população.

Os impactos negativos do enfrentamento da pandemia no PIB brasileiro no segundo trimestre de 2020 resultou em uma retração de 9,7% na comparação com o trimestre imediatamente anterior. No desempenho do segundo trimestre apenas a Agropecuária e as Exportações apresentaram resultados positivos, crescimento de 0,4% e de 1,8%, respectivamente. A Indústria (-12,3%), os Serviços (-9,7%), o Consumo das famílias (-12,5%), o Consumo do governo (-8,8%), a Formação Bruta de Capital Fixo – Investimentos (-15,4%) e as Importações (-13,2%) registraram expressivos recuos.

O forte impacto da pandemia ocorreu em um período em que a economia apresentava um baixo crescimento e ainda não tinha recuperado o nível de atividade do período anterior à crise de 2015-2016. Desta forma, o resultado do segundo trimestre apresentou que, em relação a 2014, o PIB e a Indústria estavam, respectivamente, 15% e 21% abaixo do nível de 2014. Mais grave foi a situação dos Investimentos, que estavam 32% abaixo do nível de 2014.

A queda do nível de atividades resultou em forte diminuição de arrecadação da União e dos entes federativos. Diante desse cenário, a capacidade de reação do Estado foi duramente constrangida pelo regime fiscal vigente, baseado em fortes restrições aos gastos sociais e investimentos públicos. Assim, estímulos monetários e creditícios, redução da taxa básica de juros, a suspensão de regras fiscais, como meta de resultado primário e regra de Ouro, e a utilização e a coordenação de todos os mecanismos de financiamento do Estado, como por ampliação de endividamento, passaram a ser imprescindíveis para os esforços anticíclicos extraordinários para a saúde, a proteção social, o emprego, a renda e as empresas.

No entanto, ressalte-se que no meio de uma das maiores crises econômicas da história, a equipe econômica do governo Bolsonaro inicialmente continuava a insistir nos cortes de gastos e na agenda reformista, que só iriam aprofundar o cenário recessivo. Com a ação do Congresso Nacional houve a possibilidade de ampliação de recursos para saúde; auxílio básico emergencial aos vulneráveis e informais.

Houve também ações voltadas para a ampliação de linhas de crédito, como, por exemplo, para financiamento da folha de pagamento de pequenas e médias empresas. No entanto, a população e as empresas tiveram muita dificuldade em acessar os programas já aprovados, com destaque para o auxílio emergencial e o crédito, que continuou caro e restrito.

O auxílio emergencial, inicialmente de R$ 600,00 e depois prorrogado com valor de R$ 300,00, foi destinado a cerca de 65 milhões de pessoas. Essa medida visou a garantia de recursos para subsistência da parcela da população mais vulnerável com efeitos da pandemia, como os trabalhadores informais, desempregados, pessoas com baixa renda, microempreendedores individuais e autônomos.

Ressalte-se que a taxa de desocupação tende a superar 14% da PEA em 2020. Já a taxa de subutilização da força de trabalho (pessoas desocupadas e subocupadas por insuficiência de horas trabalhadas), que reflete uma visão mais ampla da situação do mercado de trabalho, foi estimada em julho de 2020 em 30,1%, equivalente a 32,9 milhões de pessoas, um aumento de 5,3 milhões em relação a estimativa do trimestre de janeiro a março de 2020. Desta forma, devido à deterioração do mercado de trabalho e das condições socioeconômicas e aos efeitos da crise que vão ocorrer por um longo período a garantia da manutenção de um programa de renda básica é prioritário para a garantia da subsistência de grande parcela da população.

Os segmentos de atividades econômicas, as cadeias produtivas e as regiões foram afetados com diferentes intensidades. Apesar do ambiente de elevada incerteza, sobretudo pela questão sanitária, a perspectiva é que, mesmo com a adoção de novas medidas fiscais anticíclicas, os níveis de atividade econômica, de emprego, de renda e de pobreza demorarão um longo período para retornar aos níveis pré-pandemia. No que se refere aos setores de atividade econômica, alguns apresentarão uma retomada mais acelerada, enquanto outros podem vir a piorar ainda mais antes de registrar um processo de retomada. Desta forma, a

CAPÍTULO V - O PENSAMENTO E MÉTODO DE FURTADO: LIÇÕES...

retomada da economia brasileira tende a ser frágil, instável e desigual ao longo dos próximos anos.

Destarte, apesar da suposta convergência para a atuação do Estado na economia no enfrentamento dos efeitos da pandemia, a grande divergência dos economistas ortodoxos com o pensamento e o método furtadiano apresentado está no pós-estado de calamidade. Assim, de um lado, os economistas ortodoxos defendem um aprofundamento da agenda de austeridade, com mais cortes no orçamento público e de privatizações. Essa agenda, como apresentado neste capítulo, tem se mostrado cada vez mais fracassada para a melhoria da economia e da qualidade de vida do conjunto da sociedade, sobretudo após 2015.

Por outro lado, o resgate do pensamento de Furtado para um projeto de desenvolvimento de longo prazo, com uma agenda de políticas econômicas para a redução de desigualdades e para a melhoria da estrutura produtiva do país, revertendo a tendência de desindustrialização e gerando emprego e renda no país. Ressalte-se que a ampliação do endividamento público, que tende a 100% do PIB no caso brasileiro, não é um fato isolado do Brasil, não sendo um aspecto que confronta uma atuação do Estado em prol do desenvolvimento econômico. O aumento do endividamento dos diversos países é uma consequência da crise atual, e muitos deles desenvolvidos detêm níveis de endividamento mais elevados que o do Brasil.

Diante da grave crise atual, do aumento da vulnerabilidade social, da pobreza e de todo o conjunto de desdobramentos econômicos e sociais ao longo dos próximos anos, o Estado surgiu novamente como o único em condições de adotar um conjunto de medidas para enfrentamento de tamanha adversidade. O receituário baseado no "Estado mínimo", na austeridade e nos paradigmas do modelo neoliberal mostram-se cada vez mais inapropriados, não só pela sua falta de capacidade em sustentar um crescimento econômico contundente, mas também para garantir um desenvolvimento econômico, social e regional, com responsabilidade ambiental de longo prazo.

Adicionalmente, destaque-se que as atuações do Estado e do setor privado não são conflitantes e, sim, complementares e necessárias em um projeto de desenvolvimento amparado no pensamento de Furtado.

5. CONSIDERAÇÕES FINAIS

A atual crise econômica, sanitária, política e social, só ressalta a necessidade de uma reversão nas políticas adotadas. Assim, é imprescindível que o Estado tenha instrumentos consistentes para implementar as medidas econômicas necessárias e esteja forte para atuar em momentos de crise. Porém, o arcabouço neoliberal de defesa do Estado mínimo tem se mostrado, ao longo dos anos, deletério para o conjunto da sociedade, fragilizando a situação fiscal e a capacidade de atuação do Estado e aumentando a vulnerabilidade social.

Neste contexto é fundamental restabelecer as condições para viabilizar um projeto econômico democrático, em contraponto ao pensamento ortodoxo e construindo alternativas para implementar as bases de um desenvolvimento socioeconômico sustentável e ambientalmente responsável. Ademais, deve-se rechaçar a ideia de que o Estado é oposto ao setor privado; ao contrário, é essencial a atuação conjunta dos dois setores para impulsionar o desenvolvimento econômico e social.

Para um país se tornar desenvolvido, como nos ensinou Celso Furtado, são necessários fatores como o crescimento sustentado no nível de renda, a redução da desigualdade e a alteração qualitativa da estrutura produtiva do país, recompondo elos da cadeia produtiva e gerando emprego e renda no conjunto dos setores econômicos – agropecuária, indústria e serviços.

Ao contrário dos resultados verificados nas medidas neoliberais, para recolocar o país na rota da superação das mazelas do subdesenvolvimento, é necessária a sofisticação e ampliação da estrutura produtiva, especialmente do setor industrial. O processo estrutural de aumento da reprimarização, da dependência do setor de serviços pouco sofisticados e da transferência de riquezas para o setor financeiro tende a reduzir a capacidade de desenvolvimento, tornando a economia estruturalmente concentradora de renda.

Além disso, o processo de precarização do mercado de trabalho tem pressionado ainda mais a redução da remuneração dos trabalhadores e a flexibilização das relações trabalhistas, impulsionando o alto grau de

CAPÍTULO V - O PENSAMENTO E MÉTODO DE FURTADO: LIÇÕES...

desigualdade na distribuição de renda e a vulnerabilidade social. Assim, o mercado consumidor piora o potencial de crescimento e o setor produtivo perde a capacidade de avançar tecnologicamente e de competir no mercado global, focando no fornecimento de produtos de baixo valor agregado e ampliando a sua dependência de importações de produtos industriais de maior valor agregado. Como consequência, há uma piora nas condições de vida do conjunto da sociedade, ampliando a situação de pobreza e de insegurança alimentar para grande parcela da população.

Diante da grave crise atual, do aumento da vulnerabilidade social e da pobreza e de todo o conjunto de desdobramentos econômicos e sociais ao longo dos próximos anos, o Estado surgiu novamente como o único em condições de adotar um conjunto de medidas para enfrentamento de tamanha adversidade. O receituário baseado no "Estado mínimo", na austeridade e nos paradigmas do modelo neoliberal se mostram cada vez mais inapropriados.

A geração de emprego, o crescimento da massa salarial e a distribuição da renda são imprescindíveis para o dinamismo da economia capitalista, sobretudo para impulsionar o mercado interno que, no Brasil, conta com mais de 210 milhões de pessoas. Assim, sobretudo, para superarmos os impactos negativos da pandemia, que resultou na maior crise em termos históricos, é urgente resgatarmos os ensinamentos de Furtado para construirmos as bases de um desenvolvimento de longo prazo da economia e da sociedade de forma democrática e inclusiva, que respeitem a dignidade humana e a vida, e que sejam ambientalmente responsáveis, exatamente o oposto da visão predominante.

No contexto econômico atual, evidencia-se a importância da perspectiva econômica de Furtado e suas contribuições para a ciência econômica referente ao desenvolvimento econômico e à superação do subdesenvolvimento e da desigualdade. Embora ainda esteja muito longe disso, precisamos construir as bases para o desenvolvimento econômico brasileiro nos moldes da teoria de Furtado. Assim, para o país se desenvolver, deve ocorrer modernização e avanço tecnológico com aumento de produtividade, crescimento sustentado da renda, redução das desigualdades e erradicação da miséria e da fome, beneficiando o conjunto da sociedade em todas as regiões do país.

REFERÊNCIAS BIBLIOGRÁFICAS

BANCO CENTRAL DO BRASIL. Disponível em http://www.bcb.gov.br. Acesso em abr. 2020.

BASSOLI, Alexandre *et al*. "É preciso rebaixar o piso de gastos para que o teto não colapse." *Folha de S. Paulo*, São Paulo, 16 ago. 2020. Disponível em: https://www1.folha.uol.com.br/mercado/2020/08/e-preciso-rebaixar-o-piso-de-gastos-para-que-o-teto-nao-colapse.shtml. Acesso em: 22 ago. 2020.

BRANDÃO, Carlos ."O compromisso com a (n)ação em Celso Furtado: notas sobre seu sistema teórico-analítico". *Economia Ensaios*, vol. 22, pp. 29-49, 2008.

DEPARTAMENTO INTERSINDICAL DE ESTATÍSTICA E ESTUDOS SOCIOECONÔMICOS. "PEC 6/2019: como ficou a Previdência depois da aprovação da reforma no Senado Federal. Nota Técnica n. 214", nov. 2019. Disponível em: https://www.dieese.org.br/notatecnica/2019/notaTec214 ReformaPrevidenciaAprovada.html.

FURTADO, Celso. *Formação econômica do Brasil*. São Paulo: Companhia Editora Nacional, 1965.

_____. *Subdesenvolvimento e estagnação na América Latina*. Rio de Janeiro: Civilização Brasileira, 1968.

_____. *Teoria e política do desenvolvimento econômico*. Rio de Janeiro: Companhia Editora Nacional, 1975.

_____. "Auto-retrato intelectual". *In*: FURTADO, Celso. *Celso Furtado*. São Paulo: Ática, 1983.

_____. A *fantasia organizada*. Rio de Janeiro: Paz e Terra, 1985.

_____. "Mensagens aos estudantes que participaram do XXIV Encontro de Estudantes de Economia (Eneco), realizado no Instituto de Economia da Unicamp de 20 a 26 de julho de 1997". Disponível em https://www.youtube.com/watch?v=vf7uHlMK2oI&t=180s

_____. *Teoria e política do desenvolvimento econômico*. 10. ed. rev. São Paulo: Paz e Terra, 2000.

_____. *Metamorfoses do capitalismo*: Discurso na Universidade Federal do Rio de Janeiro no recebimento do título de Doutor Honoris Causa. Rio de Janeiro, 2002. Disponível em: http://www.redcelsofurtado.edu.mx/archivosPDF/furtado1.pdf. Acesso em: 05 mai. 2020.

INSTITUTO BRASILEIRO DE GEOGRAFIA E ESTATÍSTICA. "Pesquisa Nacional por Amostra de Domicílios Contínua". Disponível em: http://www.ibge.gov.br. Acesso em: abr. 2020.

CAPÍTULO V - O PENSAMENTO E MÉTODO DE FURTADO: LIÇÕES...

PAULA, João Antonio de *et al*. "Conhecimento e interesse em economia". *Estudos Econômicos*, São Paulo, vol. 33, n. 3, pp. 559-595, jul./set. 2003. Disponível em: https://www.scielo.br/pdf/ee/v33n3/v33n3a06.pdf. https://doi.org/ 10.1590/S0101-41612003000300006.

RAMOS, André Paiva. *O Brasil diante da crise do subprime*: uma abordagem póskeynesiana do conjunto de medidas anticíclicas adotado pelo governo federal brasileiro e o desempenho da economia de 2007 a 2010. 2015. Orientador: Lacerda, Antonio Corrêa de. 125 f. Dissertação (Mestrado em Economia), Pontifícia Universidade Católica de São Paulo (PUC/SP), São Paulo, 2015.

RAMOS, André Paiva; LACERDA, Antonio Corrêa de. "A Emenda Constitucional (EC) 95 e o engodo do 'Teto dos Gastos'". *In*: LACERDA, Antonio Corrêa de (Coord.). *O mito da austeridade*. São Paulo: Editora Contracorrente, 2019.

RICUPERO, Bernardo. "Celso Furtado e o pensamento social brasileiro". *Estudos Avançados*, São Paulo, vol. 19, n. 53, pp. 371-377, abr. 2005. Disponível em: <http://www.scielo.br/scielo.php?script=sci_arttext&pid=S0103-40142005000100024&lng=en&nrm=iso>. Acesso em: 15 mai. 2020. DOI: https://doi.org/10.1590/S0103-40142005000100024.

SERRANO, Franklin; SUMMA, Ricardo. "Demanda agregada e desaceleração do crescimento econômico brasileiro em 2011-2014". *Nova Economia*, [*S. l.*], vol. 25, n. especial, pp. 803-833, 2015. Disponível em: https://www.scielo.br/ scielo.php?pid=S0103-63512015000400803&script=sci_abstract&tlng=pt. DOI: https://doi.org/10.1590/0103-6351/3549.

SINGER, André. "Cutucando onças com varas curtas: o ensaio desenvolvimentista no primeiro mandato de Dilma Rousseff (2011-2014)". *Novos Estudos*; *Cebrap*, São Paulo, n. 102, pp. 39-67, 2015. Disponível em: https://www.scielo.br/scielo. php?script=sci_abstract&pid=S0101-33002015000200039&lng=pt&nrm=iso. DOI: https://doi.org/10.25091/s0101-3300201500020004.

VERSIANI, Flávio R. "O economista como historiador". *Ciência Hoje*, vol. 10, n. 60, pp. 51-53, dez. 1989.

Capítulo VI

UMA ESTRATÉGIA PARA O BRASIL

Antonio Corrêa de Lacerda

1. INTRODUÇÃO

A pandemia do novo Coronavírus (Covid-19), além de imenso flagelo humano e social para o mundo todo, também traz consequências gravíssimas para a economia mundial provocando uma recessão, cuja profundidade vai depender da extensão e magnitude dos seus efeitos.

O impacto para a atividade econômica no Brasil deverá implicar uma contração do Produto Interno Bruto (PIB), em 2020, a depender, além da extensão da pandemia, principalmente, da ousadia, da agilidade e da eficácia na adoção de políticas e medidas em contraponto à crise.

Nesse sentido, alguns aspectos devem ser considerados: o primeiro é que bem antes da situação recente, a economia brasileira já vinha apresentando um quadro continuado de estagnação. No acumulado 2017-2019, o PIB *per capita* não cresceu mais do que apenas 0,3% ao ano, depois da queda de 6% acumulada em 2015-2016! Os investimentos, medidos pela Formação Bruta de Capital Fixo estão em um nível cerca de 25% inferior a 2014.

O aumento da nossa dependência de produção e exportação de *commodities*, ou de produtos de baixa complexidade e valor agregado, nos pega em cheio na atual crise. Ocorre não apenas uma queda da demanda internacional, mas também dos preços, especialmente, do petróleo bruto e do minério de ferro, e produtos siderúrgicos experimentam fortes quedas de cotações.

Além disso, também nos tornamos dependentes de partes e componentes produzidos em regiões da China que têm sido fortemente afetadas, prejudicando a produção brasileira. O aumento da incerteza exacerba a volatilidade dos mercados, com impactos nos juros, no câmbio e nas bolsas. A crise também vem provocando queda de receita das empresas exportadoras. Esses efeitos combinados provocam uma postergação, ou mesmo cancelamento de novos projetos, investimentos e contratações, aprofundando a contração.

Diante desse quadro a adoção de um conjunto de políticas e medidas anticíclicas por parte do Estado mostram-se imprescindíveis. Para o Brasil, especialmente, dada a nossa extrema desigualdade regional e de renda, além da vulnerabilidade de milhões de cidadãos, essas medidas tornam-se ainda mais cruciais.

- O primeiro aspecto é que é preciso garantir recursos para ampliar a capacidade de atendimento da Saúde. O avanço da pandemia exigirá um esforço extraordinário para reduzir a mortalidade;

- Também é fundamental que o programa complementar de renda básica chegue rapidamente à parcela da nossa população mais exposta, como os em situação de rua, os trabalhadores informais e os desempregados, em sentido amplo;

- Torna-se ainda fundamental ampliar o crédito e o financiamento para as empresas e famílias, mas em condições bem mais favoráveis do que se dispõe atualmente.

As políticas a serem adotadas implicam um custo expressivo. Não há, obviamente, espaço para tal no Orçamento e será preciso ampliar a emissão monetária e a dívida pública para fazer frente aos gastos. É um

CAPÍTULO VI - UMA ESTRATÉGIA PARA O BRASIL

montante expressivo, mas não fazê-lo significaria um custo econômico e social muito mais elevado, dado o aprofundamento da depressão e seus efeitos como a quebra de empresas, aumento do desemprego e o colapso da renda e também da arrecadação tributária, provocando forte impacto fiscal negativo!

Enfrentar a crise exige romper paradigmas, o que juntamente com uma boa gestão, será determinante para amenizar os seus efeitos. A oportunidade que se apresenta é aproveitar a desvalorização do real para criar programas de estímulo à reindustrialização/reconversão produtiva para suprir nossas necessidades e também criar novas oportunidades de emprego e de renda.

O desempenho pífio da economia nos últimos anos tem impactado diretamente o mercado de trabalho. O desemprego atinge 13,2 milhões de pessoas, o equivalente a 12,5% da População Economicamente Ativa (PEA), em média, considerando o trimestre encerrado em abril de 2020, com base na Pesquisa Nacional por Amostras de Domicílios (PNAD), do Instituto Brasileiro de Geografia e Estatística (IBGE).

Em um conceito mais amplo, considerando o total das pessoas subutilizadas, chega-se a um universo de 28,4 milhões de pessoas. Isso abrange, além dos desempregados, que trabalham menos do que poderiam, os que não procuraram emprego mas estavam disponíveis para trabalhar ou aqueles que procuraram emprego mas não estavam disponíveis para a vaga. O dado também inclui os 4,9 milhões de pessoas desalentadas (que desistiram de procurar emprego).

"Como cada desempregado a mais é um consumidor a menos", a retração do consumo dos que se encontram sem ocupação e o maior receio dos que permanecem empregados faz com que a demanda desabe. Além disso, o crédito continua muito caro, a despeito do fato de que a taxa de juros básica (Selic) se encontre em patamar historicamente baixo para os padrões brasileiros.

Também chama a atenção a ausência de políticas e medidas que impulsionem a produção, os investimentos e o consumo. Na já mencionada problemática do crédito, por exemplo, há muito a ser feito, mas, pelo contrário, as poucas medidas em curso têm sido no sentido de contraí-lo ainda mais, considerando a atrofia dos bancos públicos.

O Governo e a equipe econômica tem enfatizado seu discurso no papel da reforma da Previdência como fator de confiança, reversão das expectativas e retomada das atividades. Trata-se, no entanto, de superestimar o seu efeito sobre as expectativas, assim como na ação do mercado para isso.

É preciso ir muito além das medidas paliativas como a anunciada intenção de liberar contas do Fundo de Garantia por Tempo de Serviço (FGTS). Embora possa ter algum efeito positivo sobre a demanda, representa um impacto limitado e localizado, sem poder para representar uma reversão do quadro de apatia vigente.

Se quiser, como é necessário, criar um ambiente mais favorável ao crescimento para 2020, a equipe econômica precisa diversificar suas estratégias e medidas, uma vez que muitas delas têm um tempo de maturação considerável. Há especulações no mercado sobre uma possível redução da taxa Selic. Tendo em vista a anemia da demanda, a existência de capacidade ociosa na economia e na ausência de grandes choques de oferta, o risco inflacionário é baixo. Portanto, reduzir juros básicos seria uma medida positiva e de baixo risco dadas as condições atuais. A medida poderia ajudar a reverter o pessimismo reinante.

Mas, para além disso, o Governo carece de melhorar a articulação, tanto internamente, quanto na sua relação com os demais poderes e os agentes econômicos. Da mesma forma, precisa ir além do "samba de uma nota só" do discurso da necessidade da reforma da Previdência e apresentar um conjunto mais abrangente de medidas para acelerar a recuperação da economia.

A questão fiscal é relevante, mas é preciso lembrar que sem crescimento econômico qualquer tentativa de ajuste esbarra no impacto restrito da arrecadação em função da fraca atividade econômica. Portanto, fomentar a atividade econômica, dado o seu efeito multiplicador, produz impactos positivos sobre a arrecadação tributária e, portanto, sobre o quadro fiscal.

CAPÍTULO VI - UMA ESTRATÉGIA PARA O BRASIL

Na contramão, insistir no discurso autofágico dos cortes de gastos, inclusive investimentos públicos, que já se encontram no menor nível histórico, não contribui para reverter o quadro adverso que persiste há anos.

No âmbito da macroeconomia, especialmente os aspectos fiscal, monetário e cambial, são elementos cruciais para o crescimento em bases sustentadas. Tendo em vista as circunstâncias do cenário internacional e doméstico, como, por exemplo, o impacto da queda da arrecadação devido à crise, as vinculações orçamentárias e outros, as questões mencionadas definirão o rumo dos próximos anos.

Na questão fiscal, além da menor arrecadação decorrente da crise e do baixo crescimento econômico, destaca-se a restrição imposta pela Emenda Constitucional (EC) 95, que limita a expansão dos gastos públicos e tende a, cada vez mais, reduzir o investimento público, como de fato já vem ocorrendo.

Além disso, faz-se necessário que o problema fiscal brasileiro deva ser abordado no âmbito das políticas macroeconômicas, assim como seu papel para o desenvolvimento econômico e social. A discussão sobre o custo de financiamento da dívida pública, que no Brasil atinge a média de 5,5% do Produto Interno Bruto (PIB), ao ano, o equivalente a R$ 380 bilhões, em 2018.

A aposta em que a prometida "austeridade" levaria ao resgate da confiança que pudesse estimular a realização de investimentos e produção não tem dado resultado. Os investimentos, medidos pela Formação Bruta de Capital Fixo (FBCF) embora ora apresentem leves sinais de reação ainda se encontram em um nível médio cerca de 25% inferior ao observado em 2014, antes do início da crise. É inegável que a confiança seja importante. No entanto, ela, por si só, não garante um ambiente promissor para estimular a produção, o consumo e os investimentos.

As empresas não tomam decisões apenas levando em conta o grau de confiança, mas a expectativa de desempenho futuro da economia. Da mesma forma a elevada ociosidade, na média de cerca de 25% na indústria, associada ao elevado custo de financiamento também diminui o "apetite" para novos investimentos.

Ademais, nosso modelo tributário regressivo, incidindo fortemente sobre o consumo e a produção – e não sobre a renda e a riqueza – além de contribuir para uma maior concentração de renda, sobrecarrega o chamado "custo Brasil", prejudicando o crescimento da atividade e a realização de investimentos. Há que se buscar, no âmbito de uma profunda reforma tributária, uma simplificação dos impostos, visando, além de maior justiça social, um sistema mais dinâmico, transparente e eficiente.

Outro ponto relevante: é crucial buscar a desindexação da economia, inclusive da dívida pública. O Brasil é o único país que remunera parcela expressiva da sua dívida a taxas de juros reais altíssimas, independentemente do prazo de vencimento, oferecendo pelos seus títulos, ao mesmo tempo, liquidez, segurança e rentabilidade, na contramão de outros países, que estimulam o financiamento de longo prazo. Este quadro cria um constrangimento para os gastos públicos, tornando mais difícil a execução dos investimentos, assim como a manutenção da qualidade dos programas sociais.

Torna-se fundamental ainda resgatar e aperfeiçoar a atuação dos bancos públicos, como impulsionadores do financiamento dos investimentos para a infraestrutura e outros setores. Tendo em vista a inexistência, ou insuficiência, de instrumentos de financiamento de longo prazo no mercado financeiro privado a taxas de juros minimamente compatíveis com a rentabilidade esperada dos projetos, a atuação dos bancos públicos revela-se crucial no quadro atual.

Para além do problema previdenciário, a economia brasileira convive com graves óbices, cuja solução demanda políticas e medidas fundamentais para reversão de um quadro dramático, no que se refere especialmente ao elevado desemprego e a questão da pobreza.

O fraco desempenho recente da atividade econômica, mesmo considerando o baixíssimo nível de comparação dos anos anteriores, nos dá uma dimensão do desafio a ser enfrentado. Ocorre que sem crescimento mais robusto, não há perspectiva de reversão significativa na questão do emprego e da renda, assim como na intensificação dos investimentos. Outro impacto relevante se dá nas contas públicas, uma vez que a arrecadação tributária vem sentindo os efeitos negativos da atividade econômica deprimida e da inadimplência no pagamento dos impostos.

CAPÍTULO VI - UMA ESTRATÉGIA PARA O BRASIL

Ao contrário do emanado em alguns discursos de autoridades econômicas, a reversão desse quadro de inanição da economia não vai ocorrer naturalmente a partir da reversão das expectativas que ocorreria com uma retomada na "confiança". Embora essa seja um elemento importante, não consegue por si só impulsionar os fatores que promovam a retomada do crescimento e seus efeitos potenciais positivos para a melhora do quadro econômico e social.

É preciso maior proatividade nas políticas e medidas econômicas capazes de reverter o quadro hostil para a produção e o investimento. Há várias áreas que prescindem de ação urgente, como crédito, financiamento, política industrial, desburocratização, etc.

No campo do crédito e do financiamento, embora estejamos há mais de um ano de taxa nominal de juros básicos em níveis mais baixos historicamente, o custo do crédito e do financiamento continua excessivamente elevado. Esse é um fator que trava a atividade econômica, inibindo as transações e reduzindo na prática a capacidade de compra de empresas e famílias.

Há muito se discute as causas do elevado custo do crédito no Brasil. O primeiro aspecto é que o mercado financeiro é distorcido no Brasil pelo fato de o Governo Federal oferecer títulos da sua dívida a taxas de juros muito elevadas, mantendo liquidez. Isso acomoda o mercado financeiro que não se interessa em ter mais trabalho e correr mais risco emprestando para os agentes econômicos.

O segundo aspecto é a oligopolização do mercado em que apenas cinco grandes bancos controlam 86% do crédito disponível na economia, o que lhes dá poder de formação de taxas ao tomador final.

Os bancos alegam que os *spreads* (taxas de risco) embutidas nas taxas de juros são elevadas no Brasil, justificando parte da diferença entre taxa básica e final, porque a inadimplência é elevada, respondendo por 45% do total. As taxas tributárias respondem por 20% e o empréstimo compulsório que os bancos recolhem ao BC, por 10%. Os 25% restantes seriam da margem de comercialização do sistema financeiro.

No tocante ao financiamento de longo prazo, a ideia implícita é viabilizar os investimentos tanto para projetos de infraestrutura como das empresas, uma vez que as taxas de juros de mercado para financiamento se distanciam da rentabilidade esperada dos projetos.

O fato é que o papel representado pelo financiamento dos bancos públicos no Brasil é insubstituível no curto prazo. Dadas as condições desfavoráveis apresentadas pelo mercado privado, seja pela sua escassez, pelas contrapartidas e pelas elevadas taxas de juros praticadas, ele não representa uma alternativa viável para suprir as necessidades de financiamento de longo prazo para os setores produtivos e a infraestrutura. Dada a elevada remuneração oferecida pelos títulos públicos, grande parte do capital disponível está alocado nessa modalidade, portanto não há interesse dos agentes financeiros em se arriscar no financiamento de projetos, até pelos riscos envolvidos.

Na indústria, o processo em curso de desinvestimento e fechamento de fábricas carece de uma reforma tributária que corrija as distorções existentes, além de uma estratégia de política industrial e modernização, com a adoção de financiamento e incentivos vinculados à inovação e ao desempenho das empresas.

Também se mostra urgente melhorar o marco regulatório de forma a propiciar um ambiente mais favorável para a atuação do setor privado nos investimentos em infraestrutura, assim como garantir um fornecimento de serviços e produtos de qualidade e preços justos à sociedade.

As questões mencionadas são desafiadoras, mas não impraticáveis. É preciso se inspirar nas boas experiências internacionais da área, assim como rever criticamente nossa própria experiência histórica envolvendo a privatização, as concessões, a abertura comercial e a desregulamentação. Não podemos nos dar ao luxo do comodismo, nem tampouco de reincidir em erros já cometidos.

2. A CRISE NA INDÚSTRIA E SEUS IMPACTOS

Embora a taxa básica de juros seja relevante e uma condição necessária, ela não é suficiente, por si só, para estimular a produção. Há

CAPÍTULO VI - UMA ESTRATÉGIA PARA O BRASIL

outros fatores relevantes a ser considerados. Uma taxa Selic mais baixa é importante para as decisões na produção, sempre lembrada e reivindicada pelos agentes, uma vez que diminui o "custo de oportunidade" do capital. Sendo a base de remuneração das aplicações financeiras, o investimento na produção, em tese, passaria a ser estimulado. Porém, há ainda um aspecto significativo do verdadeiro "vício brasileiro" que é a enorme distância entre o nível da taxa básica de juros e aquelas oferecidas ao tomador final.

A crise no setor industrial brasileiro é estrutural e persiste há anos. O nível médio da produção industrial atual é semelhante ao de 2009, quando o Brasil começava a superar os impactos dos efeitos da crise *subprime* norte-americana. Vários fatores estruturais têm impactado negativamente a indústria brasileira, que vive os efeitos da desindustrialização precoce. Crédito caro e escasso, política cambial errática e longo período de valorização do real, mais as agruras do "custo Brasil", se encarregaram de agravar o aprofundamento da crise. Condições macroeconômicas desfavoráveis e políticas industriais titubeantes tampouco reverteram a situação.

O resultado foi o avanço das importações, especialmente advindas da China, substituindo a produção local. As exportações de industrializados também prejudicadas pelos mesmos fatores mencionados perderam espaço ou estagnaram e um mercado internacional hipercompetitivo. A balança comercial brasileira segue superavitária influenciada pelo excelente desempenho dos complexos agro, mineral e de carnes. Mas a questão aqui não é "ou", mas "e". O Brasil é um dos poucos países que pode manter ampla pauta de produção e exportação nos setores em que já mantém posição de destaque, sem, no entanto, em detrimento da indústria e serviços sofisticados.

Os industriais brasileiros, aqueles que não atuaram em setores diretamente ligados a *commodities*, ou de setores oligopolizados, foram "empurrados", por sobrevivência, ou senso de oportunidade, para a importação e o rentismo.

Mais recentemente, após 2015 e nos anos seguintes, a crise brasileira trouxe um fator conjuntural que impactou fortemente na indústria brasileira. Desde então, a "recuperação" segue muito lentamente, como denotam os dados ora mencionados.

Os desafios que se apresentam para o futuro, portanto, envolvem não apenas a correção dos graves desequilíbrios sistêmicos brasileiros e seus impactos na indústria, mas a definição e implementação e políticas de competitividade (políticas: industrial, comercial e de inovação) nos moldes das melhores práticas internacionais e locais. Seria equivocado apostar que apenas as "forças do mercado" e a "fé" na abertura comercial poderiam por si só nos recolocar no caminho do desenvolvimento. Não foi assim nas melhores experiências internacionais conhecidas.

Os pressupostos da chamada Indústria 4.0 estão a nos exigir estratégias ousadas, mas, igualmente, seria um equívoco desconsiderar a experiência da indústria tradicional e resiliente no Brasil. Isso não vai se dar, somente pelas "forças do mercado". Uma boa estratégia pressupõe o diagnóstico adequado. Do contrário, avaliações equivocadas nos levarão, inexoravelmente, a falsas soluções.

3. ABERTURA COMERCIAL: UMA NOVA "PANACEIA"?

Vez por outra surge no debate público um mantra repetido à exaustão. O da vez, que seria a "panaceia" para todos os nossos males, é a abertura comercial. O tema não é novo. A abertura da economia brasileira começou há 30 anos, no final do governo Sarney e intensificada nos governos Collor e Fernando Henrique Cardoso. A promessa, incrivelmente repetida agora, sem qualquer autocrítica, era de que abrir nossas fronteiras induziria nossas empresas a ampliar a produtividade e a competividade, dado o aumento da concorrência com os produtos importados.

Desde então, as alíquotas médias de importação caíram de mais de 40% para cerca de 12 a 13%, com algumas alternâncias. A indústria, de forma geral, modernizou suas plantas, adaptou modos de gestão para fazer frente à concorrência, tendo respondido positivamente ao desafio da abertura comercial realizada.

A questão é que a melhora do ambiente sistêmico, ou seja, de todos aqueles fatores que independem das empresas, ou dos trabalhadores, mas

CAPÍTULO VI - UMA ESTRATÉGIA PARA O BRASIL

que afetam a competitividade, não avançou na mesma velocidade. Condições macroeconômicas (juros, câmbio e tributos), logística e infraestrutura, burocracia e instabilidade de regras, além de outros fatores que formam o chamado "custo Brasil" ainda estão longe das médias observadas nos países concorrentes. Particularmente na questão cambial, a política em diferentes governos desde então visou muito mais o objetivo de controle inflacionário do que induzir a geração de valor agregado local e às exportações.

O discurso de que a indústria não investe em modernização e inovação cai no erro de identificar a raiz do problema, que não se restringe à ação microeconômica das empresas, mas a um ambiente sistêmico desfavorável. O investimento, de forma geral, responde à rentabilidade esperada, que no caso é prejudicada pelas condições adversas do ambiente.

Da mesma forma, o argumento de que nossa economia é fechada, não resiste a uma verificação dos números. O saldo comercial de produtos manufaturados, por exemplo, que apresentava relativo equilíbrio até 2006, passou gradativamente a ser deficitário tendo atingido no ápice, em 2014, o valor de US$ 110 bilhões. Diante desse dado, como sustentar que nossa economia seja fechada?

Infelizmente, a combinação de fatores adversos nos levou a uma desindustrialização precoce, sem gerar os benefícios associados e, pelo contrário, gerando perda de capacidade de geração de valor agregado, de empregos de qualidade e tecnologia atualizada.

Um programa sério de discussão de uma maior abertura da economia para que atinja o interesse do desenvolvimento e não apenas uma nova panaceia, passa necessariamente por:

- condições macroeconômicas que favoreçam o desenvolvimento (leia-se, câmbio, juros e questão fiscal) ajustadas ao padrão internacional;
- redução da burocracia, distorções tributárias e melhoria da infraestrutura e da logística;
- adoção de políticas de competitividade (leia-se, política industrial, política comercial, política de ciência, tecnologia e inovação) para fortalecer as vantagens existentes e criar novas;

- negociação da abertura de setores na economia brasileira mediante o acesso aos mercados internacionais.

Partindo-se do ajuste das condições sistêmicas, é sim possível rever a estrutura das alíquotas, porém sem generalizações. É preciso começar com a desoneração dos insumos de forma a dotar a indústria de transformação de maior poder, ao contrário de estimular a concorrência via rebaixamento das tarifas de importação dos produtos finais. Aqui não se trata de "reinventar a roda", mas de adotar práticas internacionais bem-sucedidas. Mas, para isso, é preciso se livrar de dogmas e sair do conformo da repetição de mantras que só tendem a criar falsas expetativas e nos desviar do debate do essencial.

4. CHILE, NOVA ZELÂNDIA E O BRASIL

Os defensores das ideias neoliberais – que pregam a privatização, o "Estado mínimo", a abertura comercial e financeira e a desregulamentação – sempre buscaram pretensas referências para seus argumentos. Durante décadas, ouvimos dos nossos liberais o argumento que o Chile era o modelo econômico de sucesso a ser seguido.

No entanto, a atual degradação chilena e o elevado índice de suicídios entre os idosos representa, por si só, a falência de um padrão absolutamente insustentável. O Chile, com pouco mais de 20 milhões de habitantes, menos de 10% da população brasileira, extensão territorial de cerca de apenas um décimo da nossa, nunca foi um parâmetro relevante para o Brasil, mesmo numa visão a partir da avenida Faria Lima, em São Paulo, ou da avenida Vieira Souto, no Rio de Janeiro.

Embora o Chile tenha apresentado progresso econômico durante algum tempo, mostra-se claramente limitado. A sua atividade é reduzida a poucos produtos representativos, basicamente cobre, pescado, frutas e flores, praticamente sem desenvolvimento industrial. Mas isso nunca foi possível para o Brasil, tampouco para países de estrutura e dimensão comparáveis, como uma boa análise histórica claramente comprova.

Com a derrocada chilena pela falência econômica, política e social do modelo neoliberal, os neoliberais estão em busca de novos paradigmas

CAPÍTULO VI - UMA ESTRATÉGIA PARA O BRASIL

que sustentem seus pressupostos. A nova meca na visão de alguns liberais de ocasião seria a Nova Zelândia!

Mas, se o Chile nunca foi base de comparação para o Brasil, muito menos a Nova Zelândia é. Seu Produto Interno Bruto é de apenas pouco mais de 20% do brasileiro, e a população de cerca de 5 milhões de habitantes. Sim, pouco mais que a população da zona Leste da cidade de São Paulo. Portanto, querer apresentá-la como parâmetro de modelo econômico, legislação trabalhista ou coisa que o valha só pode representar desconhecimento profundo, ou desonestidade intelectual.

Temos muito o que discutir seriamente sobre as alternativas de desenvolvimento para o Brasil, relativamente às experiências internacionais. Há uma farta literatura apontando a análise das experiências históricas que lograram sucesso, como são os casos dos Estados Unidos, da Alemanha e do Japão, países qua alcançaram o padrão de desenvolvimento já no século XX e, pelo menos, um exemplo de progressão mais recente é a Coreia de Sul.

Cada um dos países citados teve a sua história de progresso, mas o que há são pontos comuns nas estratégias de desenvolvimento e políticas econômicas adotadas com êxito:

a) a combinação da atuação do Estado, como empreendedor, quando necessário, mas também coordenador, articulador de políticas públicas, além do seu papel regulador e fiscalizador;

b) o engajamento do setor privado, articulado com o Estado, mediante a criação de um ambiente favorável;

c) a adoção de políticas macroeconômicas (monetária, fiscal e cambial) favoráveis ao desenvolvimento;

d) a articulação das políticas de competitividade (políticas industrial, comercial, política de ciência, tecnologia e inovação, para fomentar a atividade econômica, em especial, da indústria, imprescindível para o desenvolvimento.

O Brasil, dado o seu potencial econômico, social e ambiental tem todas as pre-condições para superar a atual estagnação e atingir um grau de desenvolvimento expressivo. Somos o único país do G-20, a combinar potencial nos macrossetores e de enorme demanda reprimida, em termos de investimentos, infraestrutura e políticas sociais. Nossas debilidades também representam nossas grandes oportunidades. Mas isso não se viabilizará automaticamente seja pelas "forças do mercado", seja com base apenas na suposta "confiança" como único fator de desenvolvimento, ao contrário do preconizado pelas políticas econômicas em voga por aqui!

5. DESNACIONALIZAÇÃO

A desnacionalização de empresas brasileiras públicas e privadas é sempre polêmica. Não sem razão. De fato, a aquisição de empresas brasileiras por estrangeiros, a par de qualquer traço de xenofobia, representa, inquestionavelmente, a transferência de centros de decisão para o exterior. Trata-se de uma mudança que representa impactos significativos para a estratégia nacional de desenvolvimento, implicando questões como, cadeia de fornecedores, nível de tecnologia e emprego, grau de concorrência, balanço de pagamentos, etc.

A visão liberal de mercado mostra-se favorável aos ingressos de investimentos diretos estrangeiros, levando em conta as externalidades. Já se apurou que, no entanto, isso não ocorre de forma automática, dependendo do ambiente sistêmico, das políticas de competitividade, além de uma necessária negociação com as empresas, no âmbito das cadeias globais de valor e o papel a ser representado pela empresa sediada no país hospedeiro. Daí a importância de um maior conhecimento do tema, assim como a formulação de estratégia, tendo em vista os vários aspectos envolvidos na questão.

A internacionalização das empresas, intensificada especialmente a partir da década de 1990, impulsionada pela globalização financeira que potencializou a capacidade de expansão além-fronteiras das empresas transnacionais. Vários países, mais recentemente, com destaque para a China, têm ampliado as atividades das suas empresas, no exterior, com vista a autossuficiência energética, hídrica e alimentícia.

Nesse sentido, como exemplo, a aquisição por parte de uma empresa estrangeira de uma distribuidora local de energia, para além

CAPÍTULO VI - UMA ESTRATÉGIA PARA O BRASIL

dos aspectos de segurança e defesa envolvidos, há a questão da cadeia de fornecedores envolvida. Muitas vezes, há um objetivo claro do investidor em ampliar o espaço das suas empresas no fornecimento de equipamentos e serviços especializados. Assim, há impactos potenciais significativos não apenas na política de investimentos, mas na cadeia de fornecedores e, portanto, de emprego.

Sob o ponto de vista concorrencial nos casos em que a desnacionalização envolve uma privatização, concessão, ou ainda uma Parceria Público Privada (PPP), a questão adicional é quanto as consequências da transformação de um monopólio, ou oligopólio público, em privado. Embora o Estado não precise ser necessariamente o operador em áreas como energia, saneamento, transportes, dentre outras, esse não pode se eximir da tarefa de regulação, coordenação e fiscalização das atividades. O risco é deixar vulneráveis as empresas, os cidadãos e os consumidores no que toca à fixação dos preços e tarifas cobradas, das contrapartidas de realização de investimentos, definição de padrões tecnológicos, manutenção e geração de postos de trabalho, etc.

Todas essas questões não são necessariamente novas. Nos anos 90, houve um processo representativo tanto de desnacionalização de empresas brasileiras, em muitos casos envolvendo a privatização. No entanto, pouco se debruçou sobre uma avaliação dos aspectos positivos e negativos do processo, apesar da relevância do tema e das experiências passadas, nacionais e internacionais.

Há, ainda, o aspecto das contas externas. Todo ingresso de capital estrangeiro tem como contrapartida a remuneração aos seus acionistas. Grande parte dos ingressos está relacionada não a novos projetos, mas a transferências patrimoniais. O agravante é que em muitos casos se dá em setores não exportadores, ou seja, que não gerarão receitas em dólares, mas demandarão remessas futuras de pagamento de lucros e dividendos, além de outras despesas, nessa moeda.

Daí a importância da análise e discussão da desnacionalização de empresas privadas e públicas no Brasil, que precisa ser melhor compreendida e analisada no âmbito do desenvolvimento e o papel a ser exercido pelas políticas públicas.

6. A EXPANSÃO CHINESA E O BRASIL

A extraordinária expansão internacional chinesa representa desafios e oportunidades para as economias nacionais. Do alto de suas reservas cambiais atualmente de US$ 3,1 trilhões, a China vem conduzindo sua internacionalização. Os chineses vem realizando investimentos e adquirindo ativos mundo afora, especialmente na África e América Latina, com o objetivo principal de suprir sua insuficiência hídrica, alimentícia e energética, além de abrir mercados para suas empresas. Somos o segundo maior destino dos investimentos chineses, somente superado pelos EUA.

O debate sobre os impactos dos investimentos estrangeiros nas economias hospedeiras é amplo na literatura internacional. O primeiro aspecto a ser destacado é que os benefícios dos investimentos externos não são automáticos. Dependem das políticas econômicas e da regulação dos países receptores.

Um segundo aspecto importante é que em nenhuma experiência conhecida, mesmo nos maiores países receptores de investimentos estrangeiros, ele se torna predominante. Raramente atingem mais de 15% da formação bruta de capital fixo, o total de investimentos, em infraestrutura, ampliação da capacidade produtiva das empresas, construção civil, máquinas e equipamentos. Assim, é crucial destacar que o papel dinâmico dos investimentos, base para a sustentação do crescimento econômico da imensa maioria dos países, é exercido pelo investimento local, que responde, em média, por cerca de 85% do total realizado. Apesar da chamada globalização, no quesito investimento a parcela predominante é doméstica!

Há outros aspectos relevantes envolvendo a questão dos investimentos diretos estrangeiros e o desenvolvimento dos países. Há externalidades relevantes, impactando o padrão de produção, comércio exterior e tecnologia dos países. Observa-se ainda uma interconexão crescente entre investimentos, exportações e inovações na economia mundial. A integração às grandes cadeias produtivas globais, imprescindível para uma inserção externa ativa dos países em desenvolvimento, ocorre, em grande medida, pelo papel desempenhado pelas filiais das grandes empresas globais.

CAPÍTULO VI - UMA ESTRATÉGIA PARA O BRASIL

Daí a importância, considerando os aspectos apontados, da estratégia de inserção externa brasileira, especialmente, considerando o recente protagonismo dos investimentos chineses, com destaque para os seguintes pontos:

1) A sustentabilidade intertemporal do balanço de pagamentos. Dado o compromisso de remuneração futura dos sócios estrangeiros, em dólares, via transferências de lucros e dividendos, é necessário gerar receitas na mesma moeda. O problema é que há uma predominância dos investimentos em setores voltados para o mercado doméstico e que, portanto, não geram receitas em dólares;

2) A desnacionalização da gestão e do controle de empresas locais significa mudar o seu centro de decisão para o exterior, o que diminui o grau de influência local. Isso é crítico, especialmente quando se trata de setores estratégicos para o desenvolvimento local. Daí a relevância de fortalecer a regulação, controle, fiscalização e supervisão destas atividades, sob o risco de se criar restrições ao desempenho de toda a economia;

3) O estabelecimento de um projeto de desenvolvimento também se torna fundamental para explicitar o papel desejado dos investimentos; que setores e necessidades devam ser priorizados e quais as políticas para atraí-los, mantê-los e gerar um mínimo de compromisso com os objetivos locais;

4) O estimulo às atividades que, para além da produção e exportação de *commodities*, promovam uma maior agregação de valor, de forma a viabilizar a geração de renda, de tributos, de empregos e de tecnologia.

7. O PAPEL ESTRATÉGICO DO BRICS

A agenda de integração e formulação de estratégias de interesses comuns envolvendo os países-membros, cujo conjunto representa cerca de 42% da população, 23% do Produto Interno Bruto (PIB), 30% do território e 18% do comércio mundial.

Sob o ponto de vista do cenário, o quadro que se seguiu à crise financeira internacional de 2008 ainda não foi solucionado. O mundo vive um panorama de ampla liquidez, de juros baixos, mas também de crescimento reduzido. Ampliar os acordos de integração envolvendo parceiros atuais e futuros pode significar importante iniciativa no campo das relações internacionais.

Na última Cúpula sediada no Brasil, em 2014, foram criados: o Novo Banco de Desenvolvimento (NDB) e o Arranjo Contingente de Reservas (ACR). O capital subscrito inicial do Banco é de US$ 50 bilhões, dos quais US$ 10 bilhões serão integralizados em partes iguais, pelos cinco países, até 2022.

O NDB já aprovou mais de US$ 8 bilhões em projetos de financiamento de infraestrutura e de energia renovável nos países-membros. Uma agenda possível é a de incorporar outros países em desenvolvimento no intuito de fortalecê-lo e consolidá-lo como uma alternativa ao Banco Mundial. Especula-se que Colômbia e Chile podem ser os primeiros a serem integrados. Estima-se uma demanda anual da ordem de US$ 1,5 trilhão ao ano por parte dos países em desenvolvimento, denotando o enorme potencial nessa área.

A nova dimensão geopolítica-econômica a partir da globalização financeira que se intensificou a partir das últimas duas décadas do século passado exigiu uma nova formatação na governança global. A supremacia do G-7, grupo dos sete países mais relevantes do globo teve de ser ampliada para o G-20, incorporando novos países, inclusive o BRICS. Os EUA, por exemplo, que respondiam trinta anos atrás por 50% do PIB global tiveram sua participação reduzida para 25%. Em contrapartida, os chamados países em desenvolvimento, BRICS, além do México, da Coréia do Sul e Indonésia, dentre outros assumiram papel de destaque.

Não obstante, apesar da multipolaridade em termos econômicos, prevalece a supremacia do dólar norte-americano como moeda de referência global, influenciando na precificação dos ativos e ainda respondendo por cerca de 60% das reservas cambiais. Essa é a grande contradição e paradoxo da financeirização global. A hierarquia das moedas cria categorias diferenciadas de países.

CAPÍTULO VI - UMA ESTRATÉGIA PARA O BRASIL

A (des)ordem econômica mundial após a derrocada dos pressupostos estabelecidos em Bretton Woods, sem que se tenha institucionalizado um sucessor, está a exigir iniciativas locais e regionais. É a partir desse cenário que as relações econômicas e a inserção externa dos países devem se mobilizar para fazer frente aos enormes desafios que se apresentam.

8. CONSIDERAÇÕES FINAIS

A questão do emprego está diretamente relacionada à capacidade de crescimento da economia. A longa crise da economia brasileira tem implicado no aumento do desemprego, do desalento e da subocupação. A reversão desse processo não se dará apenas pela forças do mercado, ou do resgate da chamada "confiança". É preciso uma estratégia de política econômica voltada para o crescimento, a produção e o emprego.

Sob o ponto de vista estrutural, outro aspecto determinante para a qualidade dos empregos, o país carece de um projeto de desenvolvimento que contemple os desafios da indústria 4.0 e suas consequências, assim como de um modelo de inserção internacional mais ativo e que preserve o espaço das empresas aqui atuantes.

Somente a combinação das políticas públicas e a articulação com o setor privado poderá recriar as condições para o desenvolvimento e geração de emprego e renda.

O desafio, diante da inexistência de uma solução para a pandemia, tem sido o de criar protocolos minimamente seguros para a flexibilização das medidas de isolamento social. A maioria dos países que estão à nossa frente nesse processo têm incluído: preparação da estrutura de atendimento hospitalar, ampliação da testagem da população, educação e preparação da população para a nova fase; assim como o estabelecimento de protocolos dirigidos às diferentes atividades.

Há a necessidade de profundas alterações de padrões de comportamento para a nova fase, como a limitação para aglomeração de pessoas em eventos, o que praticamente inviabiliza nos moldes adotados anteriormente as atividades culturais, esportivas, de aprimoramento profissionais, como congressos e seminários e de entretenimento. Mas, isso, evidentemente não os torna impossíveis de serem realizados, apenas não se desenrolarão nos moldes predecessores.

Nas grandes metrópoles prevalece o desafio da mobilidade. Ou seja, na flexibilização e no afrouxamento do isolamento, como organizar o transporte público e o trânsito de pessoas de forma segura. Da mesma forma, é imprescindível coordenar a sequência do retorno mesmo que parcial das atividades. Por exemplo, como conciliar o retorno ao trabalho dos adultos sem uma alternativa para os cuidados com seus filhos, que permanecem nos lares em atividades remotas das escolas?

As mudanças em curso, por outro lado, têm aberto uma série de oportunidades: segmentos de infraestrutura e logística, equipamentos de informática e de banda larga para conexão, por exemplo, tem experimentado um verdadeiro *boom* de demanda. Da mesma forma, alimentos, produtos de higiene e limpeza, dentre outros têm se beneficiado dos novos hábitos e necessidades diante do quadro decorrente da crise sanitária.

As debilidades estruturais brasileiras como a exclusão educacional e digital, a desigualdade de renda, as precárias condições de habitação nas periferias e a carência de saneamento e água potável escancaram-se frente à pandemia. Parte das debilidades apontadas, como a questão logística, por exemplo, conflita com a saída para o comércio online. Isso porque, mesmo que as transações ocorram de forma virtual, a entrega se dá necessariamente pelo formato tradicional, o que requer agilidade e segurança na distribuição e atendimento em domicílio.

Nesse sentido, a crise nos alerta para a urgência das medidas para amenizar, em um primeiro momento, e solucionar tais debilidades mediante um plano de ação. É, portanto, uma obrigação dos Poderes públicos, mas que também exige um comprometimento da sociedade: empresários, trabalhadores, entidades representativas e ONGs.

Que a visão de Celso Furtado, o mais proeminente economista brasileiro, nos inspire na viabilização de um projeto de Nação, capaz de retomar o crescimento inclusivo, que proporcione o desenvolvimento, econômico, social e ambientalmente sustentável.

NOTAS

NOTAS

NOTAS

NOTAS

NOTAS

NOTAS

NOTAS

NOTAS

A Editora Contracorrente se preocupa com todos os detalhes de suas obras! Aos curiosos, informamos que este livro foi impresso no mês de dezembro de 2020, em papel Pólen Soft 80g, pela Gráfica Copiart.